Kind und Job —
das schaffe ich

Inhalt

Die Entscheidung — 5

DER SUPER-JOB – UND JETZT EIN KIND — 6
Die Karriere-Mutter – (k)ein Widerspruch? — 7
Schwanger – wer arbeiten will und wer arbeiten muss — 10
Wie sag ich's meinem Chef? — 12
Das Kind ist da – wie lange mache ich Babypause? — 15
Viel zu tun und nichts geschafft — 18
Allein mit einem Kind — 19
Welche alternativen Arbeitsmodelle gibt es? — 23
Selbstständig mit Kind(ern) — 23
Neue Arbeits(zeit)modelle und -formen — 24

DIE BABYPAUSE RICHTIG NUTZEN — 30
Bleiben Sie am Ball — 31
Wer sich bildet, siegt! — 33
Kurz vor dem Wiedereinstieg … — 36
Bereiten Sie sich auch mental vor — 37

Zurück am Arbeitsplatz — 39

DIE RÜCKKEHR — 40
Der neue Umgang mit dem Chef — 41
Ich bin so gut wie nie zuvor — 43
Überstunden ja – aber bitte nach Plan — 45
Eigene Grenzen erkennen und setzen — 48
Schalten Sie ab — 52
Gönnen Sie sich Visionen — 53
Die Gehaltsverhandlung — 54

DER NEUE UMGANG MIT DEN KOLLEGEN — 58
Neider, Zweifler, Pessimisten? — 59
Väter als Berufsrückkehrer — 61
Keine Chance für Konkurrenten — 61
Delegieren im Job — 63

WELCHE RECHTE HABE ICH?	65
Formulare, die sich auszahlen	66
Freie Tage fürs kranke Kind	71
Tipps vom Steuerberater	72

So läuft zu Hause alles bestens — 75

WER SOLL MEIN KIND BETREUEN?	76
Auswahlkriterien für die Kinderbetreuung	80
Ein Vertrag hilft beim Vertragen	83
BETREUUNG VON A BIS Z	86
Aupairmädchen/-junge	86
Kinderkrippe	89
Private Kinderkrippe	91
Kinderfrau	92
Tagesmutter	94
Kindergarten	96
Eltern-Kind-Initiative	98
Grundschule – was ist nach Unterrichtsende?	99
Gymnasium & Co.	101
Betreuung durch Verwandte	103
Zeitarbeit-Service	105
MIT TIMING GUT DURCHS PRIVATLEBEN	108
Gutes Timing spart Zeit	109
Wenn alle Stricke reißen – der Notfallplan	113
AUSZEITEN FÜRS EIGENE ICH	115
Sagen Sie Ihrem Partner, wo er helfen kann	116
Heute habe ich frei!	118
Auszeiten für Sie als Paar	120
Mehr Toleranz für andere Lebenskonzepte	121

Service — 122

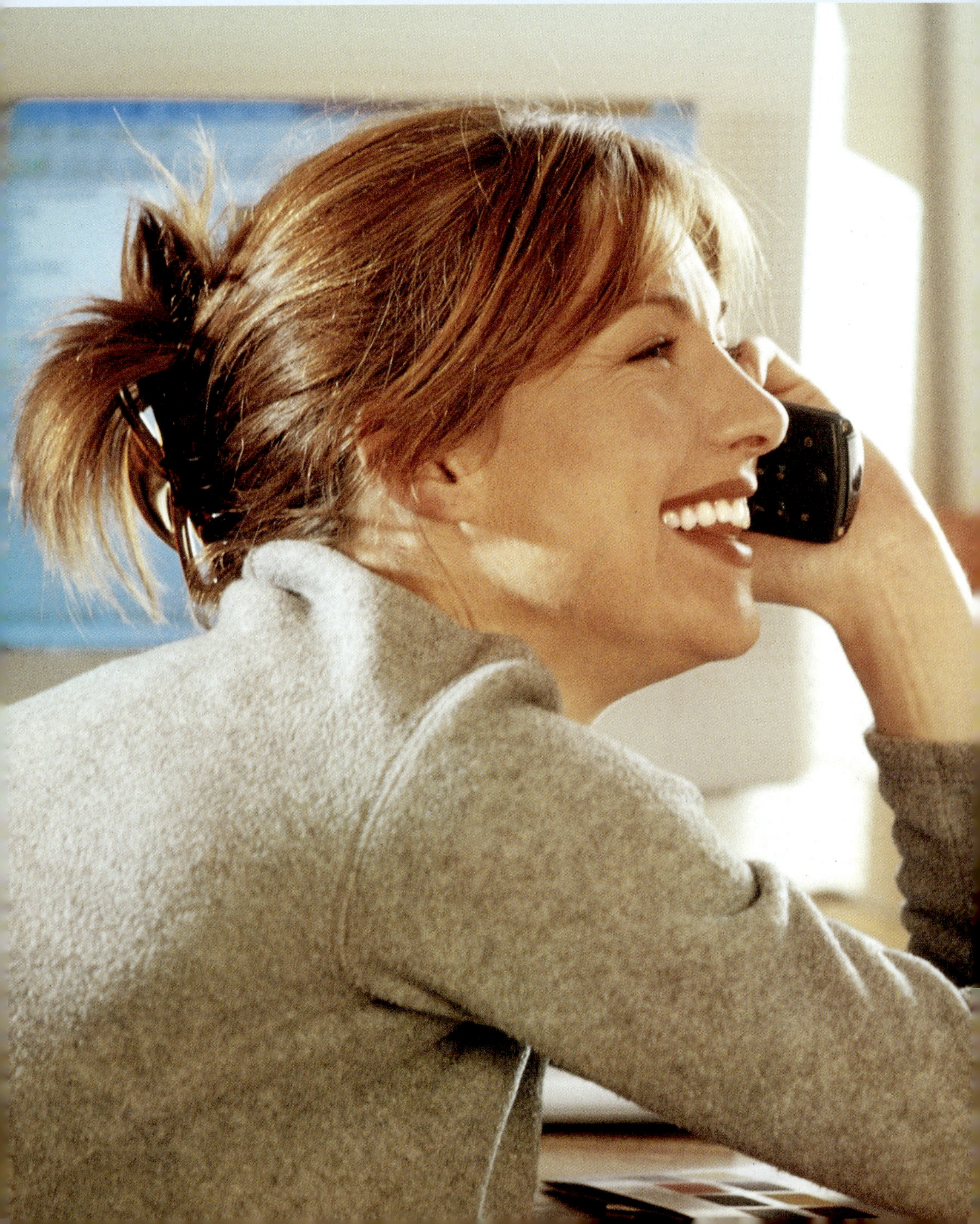

Die Entscheidung

→

Sie haben Ihren Traumjob und sind der Meinung, dass eigene Kinder zum Leben unbedingt dazugehören? Dann gibt es vor und während der Schwangerschaft viel zu bedenken. Denn nur wer richtig plant, kann die Babypause optimal nutzen und danach gut vorbereitet wieder in den Job einsteigen.

interview

Ich hänge an meinem Beruf und habe mir viele Gedanken gemacht, wie ich ihn mit den Verpflichtungen meiner Tochter gegenüber vereinbaren kann. Bereits kurz nach der Geburt stand für mich fest, dass ich wieder in mein »normales« Leben zurückkehren muss. Ich will meine Tochter teilhaben lassen an meinen Erfahrungen, sie soll indirekt von dem profitieren, was ich jeden Tag dazulerne. Daran habe ich nie gezweifelt, und nur so kann ich meiner Tochter eine ausgeglichene Mutter sein.

DER SUPER-JOB – UND JETZT EIN KIND

Sie haben Ihre qualifizierte Ausbildung oder auch ein Studium schon länger abgeschlossen und sind jetzt mittendrin im erfolgreichen Berufsleben. Sie haben Ihre Zukunft genau geplant, sie haben berufliche Ziele vor Augen und vielleicht bejahen Sie die Frage, ob Sie sich bereits auf der Karriereleiter befinden. Sie lieben die täglichen Herausforderungen. Sie bekommen und genießen die Anerkennung, auf die Sie so lange gewartet haben. Kurz – Ihr Job macht Ihnen Spaß!
Und auch privat läuft alles nach Ihren Wünschen, Ihr jetziger Partner soll auch weiterhin eine entscheidende Rolle in Ihrem Leben spielen. Mit zwei Gehältern können Sie sich endlich all das leisten, wovon Sie schon immer geträumt haben, und Sie genießen viele fröhliche Abende im Freundeskreis.

Der Super-Job – und jetzt ein Kind

Sie genießen in Ihrer Freizeit Sport und Kultur, Sie unternehmen herrliche Urlaubsreisen zu zweit und denken, so könnte es jetzt immer bleiben. Eigentlich würden Sie Ihren Partner gern öfter sehen, doch von Zeit zu Zeit überschneiden sich Ihre Termine oder Überstunden so ungünstig, dass Sie sich nur selten in wachem Zustand begegnen. Möglicherweise leben Sie auch vorübergehend räumlich getrennt, weil einer von Ihnen ein verlockendes Jobangebot in einer anderen Stadt nicht ausschlagen wollte oder konnte. Natürlich soll die Karriere weiterhin ihren Lauf nehmen, aber ansonsten fehlt Ihnen nichts. Nichts? Sind Sie sicher?

Die Karriere-Mutter – (k)ein Widerspruch?

Nach einigen Jahren als DINK (Double Income No Kids) stellt er sich vielleicht auf einmal ein – der Gedanke an eigene Kinder. Außerdem fängt bei vielen Frauen die biologische Uhr an ganz leise im Hinterkopf zu ticken.
Gerade in den ersten zehn Jahren der Berufstätigkeit einer Frau, also etwa zwischen dem 20. und 30. Lebensjahr, stellen sich die Weichen für ihre Karriere. Und in genau derselben Zeit steht eigentlich auch das Kapitel Familienplanung an. Eine Zwickmühle?!
Sie beginnen also, die verschiedensten Gedankenmodelle durchzuspielen und überlegen schon, wie Sie alles unter einen Hut bringen könnten. Doch dann lesen und hören Sie …
→ …von der mangelhaften Versorgung mit Krippenplätzen für Kinder unter drei Jahren.
→ … von den angeblich garantierten Kindergartenplätzen, die manchmal aber nur für drei Nachmittagsstunden verfügbar sind.
→ … von karriereunfreundlichen Kindergarten- und Schulzeiten.
→ … von schlecht erzogenen »fremdbetreuten« Kindern und ihren Karriere-Müttern.

Vielleicht gibt es Ihnen zudem zu denken, dass wir in einem Land mit einem äußerst niedrigen Prozentsatz berufstätiger Frauen mit Kindern und dennoch mit durchschnittlich nur 1,35 Kindern pro Familie leben. Logisch ist das nicht. Hinzu kommt, dass Sie wissen, dass Kinder eine zeitintensive und regelmäßige Versorgung brauchen. Wie könnten Sie all dem gerecht werden, wo Sie in Ihrem Job so intensiv eingespannt sind?

Kinderwunsch – ein Thema für beide
All dies stimmt skeptisch und dämpft vielleicht Ihren Baby-Enthusiasmus für einige Zeit. Bleibt er aber trotzdem bestehen, ist es jetzt höchste Zeit, mit Ihrem Partner das Thema Familiengründung zu besprechen. Diese Unterhaltung verläuft in den meisten Fällen verblüffend ähnlich: Fast immer sind es die Frauen, die den Kinderwunsch überhaupt zum ersten Mal artikulieren. Männer hingegen lassen das Thema auf sich zukommen. Ist es dann aber soweit und sowohl Kind als auch Haushalt schreien ganz konkret nach Beachtung, verbringen viele Väter plötzlich sehr viel mehr Stunden im Büro als noch vor der Geburt des Kindes. Man könnte in Versuchung geraten zu denken, das läge nicht immer nur am Job.

Da Mütter während des Mutterschutzes bis auf wenige Ausnahmen die berufliche Laufbahn für mindestens drei Monate unterbrechen, sind sie danach automatisch in der Rolle der Berufsrückkehrer. Die dazugehörenden Männer arbeiten jedoch fast immer weiter, wenn sich Nachwuchs einstellt.

Vorsicht Falle!
Wenn Sie nun also mit Ihrem Partner über die Möglichkeit sprechen, die Zweisamkeit gegen eine Familie einzutauschen, kann die Antwort lauten: »Ja, wenn Du meinst, dann mache ich das schon mit« – oder so ähnlich. Handeln Sie in diesem Fall nicht nach dem Motto: Wir lassen es jetzt erst einmal darauf ankommen – wenn es dann mit der Schwangerschaft klappt,
können wir immer noch weitersehen. Werden Sie sich klar, ob Ihr Partner und Sie auch wirklich das Gleiche wollen, und zwar bevor das Baby unterwegs ist. Dann haben Sie es noch in der Hand, rechtzeitig die Notbremse zu ziehen.

Legen Sie jetzt den Grundstein
Wenn Sie eine Karriere-Mutter sein möchten – und das im allerbesten Sinne des Wortes –, müssen Sie in dieser ersten frühen Entscheidungsphase bereits den Grundstein für den Erfolg Ihres Projekts legen. Stellen Sie jetzt die Weichen für später, gleichen Sie die Lebenskonzepte genau mit Ihrem Partner ab, um nicht irgendwann an unklaren Vereinbarungen zu scheitern. Sonst kann es passieren, dass Sie vielleicht eines Tages feststellen, dass der Mann, der immer so stolz auf Ihre beruflichen Erfolge war und Sie mit Rat und Tat unterstützt hat, plötzlich ganz selbstverständlich davon ausgeht, dass in erster Linie entweder Sie sich um Ihr gemeinsames Kind kümmern oder aber die entsprechende Betreuung ganz alleine organisieren. Es war ja schließlich auch Ihre Idee …

Wer macht was?
Versuchen Sie frühzeitig, am besten bevor das Baby unterwegs ist, gemeinsam zu analysieren, was an zusätzlicher Arbeit auf Sie zukommen wird und wie Sie diese unter sich aufteilen. Die Betreuung des Kindes wird (zeit)intensiv und zuweilen auch nervenaufreibend sein. Der Haushalt wird insgesamt umfangreicher, was zur Folge hat, dass Ihre persönlich nutzbare Zeit knapper bemessen

kinderwunsch

Konkretisieren Sie Ihren Kinderwunsch

- ✔ Sind die Motive für Ihren Kinderwunsch klar und stimmen sie mit denen Ihres Partners überein?
- ✔ Haben Sie beide die gleichen Vorstellungen hinsichtlich der späteren Rollenverteilung?
- ✔ Sind Sie sicher, dass Ihr Partner seinen Kinderwunsch nicht nur Ihnen zuliebe äußert?

Der Super-Job – und jetzt ein Kind

sein wird. Machen Sie sich im Freundeskreis bei Familien mit Kindern schlau. Fragen Sie nach, wie dies oder jenes in der Praxis läuft, sammeln Sie so viele Informationen, wie Sie nur können. Es gibt nie nur eine Möglichkeit, verschiedene Lebenskonzepte unter einen Hut zu bringen. Flexibilität, Einfallsreichtum und vor allem gute Planung sind von entscheidender Bedeutung.

Natürlich können Sie Ihr Leben als Familie nicht zu 100 Prozent vorab planen. Doch einige klar ausgesprochene Gedanken und feste Abmachungen im Vorfeld der Familiengründung werden Ihnen sehr schnell verdeutlichen, ob Ihre Harmonie als Paar sich auch in der Elternrolle fortsetzen lässt.

Stellen Sie Fragen

Jetzt ist der richtige Zeitpunkt zu klären, wie sich Kind und Karriere für beide Partner organisieren lassen: Ist der Job für Sie beide gleich wichtig oder kann einer von Ihnen ohne Karriererisiko kurzzeitig aussteigen? Wollen Sie die Elternzeit unter sich aufteilen? Wer von Ihnen ist bei der Arbeitszeitgestaltung flexibler und kann sich so besser aufs Kind einstellen? Wäre es möglich, dass einer von Ihnen von zu Hause aus arbeitet (Telearbeit) oder sich sogar selbstständig macht?

Neuland

Nachdem Sie alles so gut wie möglich geplant und abgesprochen haben, hat es dann hoffentlich auch geklappt – Sie sind schwanger. Egal, wie oft Sie vorher in Gedanken alles durchgegangen sind: Die Gewissheit, dass ein Baby unterwegs ist, verändert das ganze

Hurra, ein Baby! Machen Sie sich aber jetzt schon Gedanken, wie Sie die Aufgaben verteilen wollen.

Lebenskonzept. Nichts ist mehr klar und einfach, Zweifel und Unsicherheit bestimmen neben aller Freude Ihr Denken. Leider gibt es keine allgemein gültigen Regeln, nach denen sich alle Anforderungen ohne Schwierigkeiten und mit links meistern lassen. Die Kunst besteht darin, ein maßgeschneidertes Umfeld zu schaffen, in dem alle Beteiligten zu ihrem Recht kommen.

Direkt von der veränderten Situation betroffen sind die Frauen, denn sie bekommen die Kinder. Häufig meinen sie, alle neuen Anforderungen ebenso perfekt meistern zu müssen wie ihren Job. Sie wollen beweisen, dass sie alles schaffen, dass sie auf jedem Parkett zu Hause sind und dass eine Karriere mit Kind und Kegel eine leichte Übung ist.

Kein Weg ist »richtig«

Wie kommen wir zu der Meinung, dass es ausschließlich und in erster Linie die Mütter sind, die das Unternehmen »Kind« leiten können? Jedes Fehlverhalten, jede Normabweichung hat die Mutter verursacht, weil sie sich entweder zu viel oder zu wenig um ihr Kind gekümmert hat. Vollzeitmütter hören schnell hinter vorgehaltener Hand den Vorwurf, sie glucken zuviel. Sie lassen den Kindern nicht genügend Freiraum zur Entfaltung ihrer Persönlichkeit oder erdrücken sie mit ihrer Liebe. Wenn die Mutter berufstätig ist und die Erziehungsverantwortung zumindest teilweise in fremde Hände gibt, hört sie hinter vorgehaltener Hand, sie vernachlässige die Kinder und sei deshalb natürlich schuld an allen möglichen »Fehlentwicklungen«.

Vielleicht gibt es sie gar nicht, die wirklich gute Mutter. Oder aber alle Mütter sind gut, wenn Sie sich nur bemühen, den Anforderungen ihrer Kinder gerecht zu werden, ohne sich dabei selbst zu vergessen.

Ziel dieses Buches ist es, Ihnen Mut zu machen, den eingeschlagenen Weg weiterzugehen und die Stärke zu finden, Veränderungen herbeizuführen, wenn nicht alle Beteiligten zu ihrem Recht kommen. Das betrifft besonders die Kinder. Sie haben kaum Möglichkeiten, ihre Interessen selbst zu vertreten. Und doch können Eltern nur in Ruhe, mit freiem Kopf und voll konzentriert Ihrem Job nachgehen, wenn sie sicher sind, dass das Kind unter ihrer Abwesenheit nicht leidet, möglicherweise sogar davon profitiert. Man denke in diesem Zusammenhang etwa an Einzelkinder und Erstgeborene, die durch »Teilzeitgeschwister« ganz andere Möglichkeiten bekommen, sich auf sozialer Ebene weiterzuentwickeln.

Schwanger – wer arbeiten will und wer arbeiten muss

Fast alle Frauen, auch die, die sich seit langem sehnlichst ein Kind gewünscht haben, fangen während der Schwangerschaft noch einmal an zu zweifeln: Was kommt auf uns zu? Kann ich den eingeschlagenen Berufsweg weiterverfolgen oder war die ganze Anstrengung in Studium und Beruf doch umsonst?

→ **gegen alle zweifler**

- ✔ Sie wissen, was Sie wollen und müssen sich dafür nicht rechtfertigen.
- ✔ Der alte Müttermythos gilt nicht mehr, die Zeiten haben sich gewandelt.
- ✔ Kinder von arbeitenden Müttern sehen diese nicht nur als Dienstleistungsinstanz. Im Gegenteil, sie sind stolz auf ihren Erfolg.
- ✔ Geht es Ihnen gut, geht es allen gut.
- ✔ Konservativ Denkende tun sich schwer mit innovativen Ideen.
- ✔ Kritiker sind oftmals nur neidisch.

Der Super-Job – und jetzt ein Kind

Ausbildung zahlt sich aus

Lange Ausbildungswege sind heute fast die Regel, und das gilt für Männer und Frauen. Vielleicht waren Sie auch im Ausland und haben dadurch Ihre Ausbildungszeit noch verlängert. Ihre Ausbildung hat auf jeden Fall eine ganze Stange Geld gekostet, und Sie haben möglicherweise einen Kredit dafür aufgenommen. Der Wunsch, irgendwann gut zu verdienen, hat Sie gedanklich über Wasser gehalten und war schon immer ein Anreiz, das Studium erfolgreich zu beenden. Und meistens steht es außer Frage, nach der langen Ausbildung im angestrebten Beruf auch zu arbeiten. Für Männer ist dies eine Selbstverständlichkeit, für Frauen liegen jedoch immer noch viele Stolpersteine und Fallen bereit, wenn sie die erworbenen Fähigkeiten und Fertigkeiten auch praktisch anwenden wollen.

Der »Kind-Faktor« kann zu einem Stolperstein auf der Karriereleiter werden.

Double Income/One Kid

DIOK-Familien sind auf dem Vormarsch! Die Beweggründe dafür können sehr verschieden sein: Wenn beide Eltern erfolgreich berufstätig sind und gern arbeiten, dann haben sie sich oft an einen Lebensstil gewöhnt, den sie wegen eines Kindes nicht unbedingt aufgeben wollen. In diesem Fall ist es vielleicht sogar nötig, dass beide weiterarbeiten, denn nur so können sie das liebgewonnene Niveau – und ihre Zufriedenheit – behalten.

Wenn ein Gehalt nicht reicht

Der Trend in Deutschland geht ganz deutlich zur Familie mit einem oder höchstens zwei Kindern. Ein Grund dafür ist sicher, dass in vielen Städten Wohnungen für große Familien heute nahezu unbezahlbar sind. Selbst Familien mit nur einem Kind haben aufgrund der hohen Miete oft keinen finanziellen Spielraum, der es ihnen erlaubt, einen längeren Erziehungsurlaub zu nehmen. Großeltern, die bei der Kinderbetreuung unter die Arme greifen könnten, sind in unserer mobilen Gesellschaft immer seltener in der Nähe zu finden. Und schließlich ist die Fremdbetreuung der Kinder ein großer zusätzlicher Posten. Besonders während der ersten drei Lebensjahre eines Kindes ist eine Betreuung fast rund um die Uhr notwendig. Ein Teenager kann durchaus ein paar Stunden alleine bleiben, ein kleines Kind nicht einmal zehn Minuten. Solch eine lückenlose Betreuung zu organisie-

gut präpariert zum chef!

✓ Sind Sie sich klar darüber, wie Ihre Lebensplanung mit dem Kind aussehen soll?

✓ Sind Sie vorbereitet auf die Frage, wie Sie sich Ihre Zukunft in der Firma vorstellen?

✓ Wissen Sie schon – so schwer dies zu diesem frühen Zeitpunkt sein mag –, wann Sie an Ihren Arbeitsplatz zurückkehren möchten?

✓ Haben Sie verschiedene Konzepte für Ihren Wiedereinstieg parat?

ren kostet in jedem Fall eine Menge Geld. Manchmal geht sogar das Gehalt eines Elternteils nahezu vollständig dafür drauf. Das ist zwar ärgerlich und frustrierend, aber auch nötig, damit beide Elternteile beruflich am Ball bleiben können. Durststrecken – auch finanzieller Art – gehören in dieser Phase dazu. Am besten sehen Sie diese als Zwischenstation auf Ihrem Weg nach oben.

Wie sag ich's meinem Chef?

Nicht wenige Frauen fühlen sich ihrem Chef gegenüber als Verräterin, wenn es darum geht, ihnen ihre Schwangerschaft mitzuteilen. Und das umso mehr, wenn die Probezeit noch nicht sehr lange zurückliegt! Häufig wird das Gespräch mit dem Chef Tag für Tag hinausgezögert, obwohl es der Chef als Erster erfahren sollte, vor allem bevor die Kollegen Vermutungen anstellen können. Und zum Glück gibt es sie doch, die Chefs, die ihre Angestellte umarmen und ihr Glück wünschen! Diese positive Haltung zur Schwangerschaft ist dann häufig auch ein Grund dafür, dass Mitarbeiterinnen nach dem Mutterschutz gern wieder in ihren alten Job zurückkehren.

Der richtige Zeitpunkt

Nach den gesetzlichen Vorschriften sind Sie dazu verpflichtet, Ihren Arbeitgeber so früh wie möglich – das heißt, sobald Sie Kenntnis davon haben – über Ihre Schwangerschaft zu informieren. Das ist meistens schon vor der achten Schwangerschaftswoche der Fall. Aus verschiedenen Gründen ist es jedoch empfehlenswert, damit bis zum vierten Monat zu warten. In den ersten drei Monaten ist die Gefahr, das Kind zu verlieren, am höchsten. Haben Sie jedoch Ihren Chef erst einmal von der Schwangerschaft in Kenntnis gesetzt und ist diese dann nicht glücklich verlaufen, sind Sie – so hart das klingen mag – für ihn nur noch die »potenzielle Mutter«. Spannende langwierige Projekte oder Beförderungen können Sie sich dann meist abschminken. Im vierten Monat können Sie sich Ihrer Sache sicherer sein, und es ist auch noch so früh, dass man Ihrem Bauch nichts ansieht. Unter allen Umständen müssen Sie vermeiden, dass Ihr Chef Sie zuerst auf Ihre Mutterfreuden anspricht oder über Ihre Schwanger-

Der Super-Job – und jetzt ein Kind

schaft aus dem Kollegenkreis informiert wird. Selbst ein »in den nächsten Tagen wollte ich ohnehin zu Ihnen kommen …« kann das verlorene Vertrauen nicht wieder aufbauen.

Schutz für werdende Mütter

Was tun, wenn Sie die Schwangerschaft während der Probezeit bemerken beziehungsweise die Probezeit gerade erst abgelaufen ist? Hätten Sie die Stelle dann überhaupt annehmen sollen, wo Sie doch schon lange über die Gründung einer Familie nachdenken? Die eindeutige Antwort lautet »Ja« – Sie konnten ja nicht wissen, dass es mit dem Nachwuchs so schnell klappen würde. Als werdende Mutter sind Sie dann durch ein absolutes Kündigungsverbot geschützt.
Dieses Kündigungsverbot setzt mit Beginn der Schwangerschaft ein und gilt selbst dann, wenn Sie als Arbeitnehmerin es bisher versäumt haben, Ihren Arbeitgeber über die Schwangerschaft zu informieren. Das heißt im Klartext: Wer schwanger ist, den Arbeitgeber noch nicht informiert hat und in dieser Zeit eine Kündigung erhält, kann seinen Arbeitgeber innerhalb von zwei Wochen nach Zugang der Kündigung über die Schwangerschaft informieren. Die Kündigung muss dann zurückgenommen werden. Dieses absolute Kündigungsverbot gilt bis zum Ablauf von vier Monaten nach der Entbindung und verlängert sich, wenn die Mutter Elternzeit (Erziehungsurlaub) beantragt hat, bis zu dessen Ende. Wichtig: Wer selbst kündigen will, kann dies ohne Probleme tun, denn das Gesetz schränkt die Kündigungsmöglichkeiten von Seiten der Frau nicht ein.

Mutterschutz und Elternzeit – was ist das?

Der Gesetzgeber hat mit dem Mutterschutzgesetz geregelt, dass werdende Mütter in den letzten sechs Wochen vor der Entbindung nicht beschäftigt werden dürfen – es sei denn, sie erklären sich ausdrücklich dazu bereit. Nach der Entbindung hingegen besteht ein absolutes Beschäftigungsverbot von acht Wochen, das nicht umgangen werden kann. Während der gesamten Zeit steht Ihnen als Mutter ein Mutterschaftsgeld zu, dessen Höhe sich aus dem durchschnittlichen Verdienst der letzten drei Monate errechnet.
Die Elternzeit (Erziehungsurlaub) können Mütter und Väter aus Anlass der Geburt eines Kindes bis zur Vollendung des dritten Lebensjahres beanspruchen. Wichtig: Sie muss spätestens acht Wochen vor Beginn beantragt werden. Die Elternzeit kann nur teilweise oder für gewisse Zeiträume in Anspruch genommen werden; sie kann von einem Elternteil, aber auch von beiden gleichzeitig genutzt und auf bis zu vier Zeitabschnitte verteilt werden. Wer sich entschließt, die Elternzeit zu nehmen, setzt quasi seinen Arbeitsvertrag für eine vorher festgelegte Zeit außer Kraft. Doch danach ist alles wieder beim Alten: Als Rückkehrer haben Sie dann auch Anrecht auf Ihren ehemaligen Arbeitsplatz.
Sie haben Elternzeit beantragt und sehnen sich jetzt – zumindest stundenweise – zurück ins Büro? Auch das hat der Gesetzgeber geregelt: Wer möchte, kann während dieser Zeit bis zu 30 Stunden wöchentlich ins Berufsleben zurückkehren, ohne die Elternzeit dadurch zu unterbrechen.

→ Die Entscheidung

Sie hatten Zeit, sich auf Ihre Schwangerschaft einzustellen, Ihr Chef nicht.

Rückkehr ja – aber wann und wie?

Kalkulieren Sie für Ihre Rückkehr lieber großzügig. Nichts ist schlimmer als den Wiedereinstieg nach Ablauf der vereinbarten Zeit scheibchenweise hinauszuzögern. Bedenken Sie dabei, dass die Dauer Ihrer Abwesenheit entscheidend ist für die Qualifikation Ihrer Vertretung. Je länger Sie sich verabschieden, umso besser muss Ihre Arbeit fortgeführt werden, und umso entbehrlicher werden Sie! Vor allem über das »Wie« Ihres Wiedereinstiegs sollten Sie sich rechtzeitig Gedanken machen. Legen Sie sich fertige Konzepte zurecht, und zwar nicht nur Ihre persönliche Optimallösung, sondern auch Alternativen, die Sie dann zur Diskussion stellen können. Vertreten Sie Ihre Vorstellungen freundlich und selbstbewusst, dann werden Sie Ihren Chef überzeugen und am ehesten eine Vereinbarung erreichen, die Ihren Wünschen und Bedürfnissen entspricht.

Die Sicht des Chefs

Vielleicht ist Ihr Chef zu diesem Zeitpunkt noch gar nicht bereit, berufliche Zukunftspläne zu schmieden. Schließlich hatte er nicht wie Sie die Möglichkeit, sich gedanklich auf diese völlig neue Situation vorzubereiten, sondern steht ihr völlig überrascht gegenüber. Vergessen Sie auch nicht, dass mit Ihrer Schwangerschaft auf Ihren Chef jetzt eine Menge Probleme und Entscheidungen zukommen. Es gibt also keinen Grund, beleidigt zu sein, wenn Ihr Chef Ihnen nicht sofort freudestrahlend gratuliert. Er denkt jetzt vermutlich zuerst an mögliche Ausfälle während der Schwangerschaft, an das Problem, eine qualifizierte Vertretung für Sie zu finden und Ähnliches mehr.

Überzeugen Sie Ihren Chef in dieser frühen Phase, dass Sie auch als berufstätige Mutter sehr am Fortbestand des guten Arbeitsklimas und des Erfolgs Ihrer Abteilung interessiert sind. Wenn Ihnen das gelingt, haben Sie bereits die erste Hürde auf dem Weg zur beruflich erfolgreichen Mutter genommen.

Wenn Väter Elternzeit nehmen

Sie haben sich mit Ihrem Partner geeinigt, dass – aus welchen Gründen auch immer – er zuerst einmal Elternzeit beantragt. In diesem Fall muss Ihr Partner als werdender Vater seinen Arbeitgeber informieren, dass nicht Sie, sondern er in Erziehungsurlaub gehen beziehungsweise die Arbeitszeit verkürzen möchte. So unfair das klingt – Ihren Partner erwarten dann noch ganz andere Probleme.

Schon bei weiblichen Angestellten werden von Arbeitgeberseite die Unannehmlichkeiten, die mit der Familiengründung einhergehen, nur ungern in Kauf genommen, zumindest aber als naturgegeben hingenommen. Das verschafft Frauen den Vorteil, dass Sie nicht diskutieren müssen, warum gerade Sie diese Auszeit nehmen – dass die Frau fürs Kind erst einmal den Beruf zurückstellt, ist geradezu selbstverständlich. Aber eben diese Diskussion wird vermutlich auf Ihren Partner als Vater zukommen.

Vielleicht wird Ihr Partner gefragt, ob ihm sein Job nicht mehr gefällt – oder was sonst sollte dahinterstecken, dass er sich freiwillig Zeit für Familie nimmt? »Macht denn Ihre Frau nichts?« »Können Sie das nicht anderweitig delegieren?« »Es muss da doch noch andere Möglichkeiten geben!« sind Fragen, die der werdende Vater mit großer Wahrscheinlichkeit zu hören bekommt.

Helfen Sie Ihrem Partner! Denn nur wer sein Anliegen voller Überzeugung vortragen und mögliche Einwände gut vorbereitet parieren kann, übersteht diese Prozedur unbeschadet. Wenn Ihr Familienbeispiel Schule macht, wird es vielleicht auch bei uns bald mehr »erziehungsurlaubende« Väter geben. Je mehr sich dies zur Normalität entwickelt, umso größer sind die Chancen, dass sich die unter den Partnern geteilte Elternzeit nicht mehr so negativ auf die Karriere auswirkt.

Das Kind ist da – wie lange mache ich Babypause?

Wie so oft gibt es auch auf diese Frage keine allgemeingültige Antwort. Jeder Vater beziehungsweise jede Mutter muss für sich selbst herausfinden, wo während der ersten Jahre der Entwicklung des Kindes das Hauptgewicht der Zeit und des Engagements liegen soll: auf der Familie oder eben dem Job. Den Kindern wäre jedenfalls nicht damit gedient, wenn Sie missmutig zu Hause sitzen und Ihren Kindern mehr oder weniger bewusst vermitteln, dass Sie jetzt eigentlich viel lieber im Büro Ihre Karriere vorantreiben würden. Nutzen Sie Ihre Babypause aber auch bewusst zur Reflexion Ihrer Situation. Jetzt haben Sie endlich einmal Zeit und Gelegenheit, über sich selbst, Ihre Rolle in Familie und Gesellschaft und über eine mögliche Neuausrichtung Ihrer Ziele und Wünsche nachzudenken.

Lange Pause = Karriereknick?

Wenn Sie planen, nach der Geburt möglichst schnell wieder an Ihren Arbeitsplatz zurückzukommen, sollten Sie die Babypause keinesfalls ungenutzt verstreichen lassen. Halten Sie in dieser Zeit Kontakt zu Kollegen und Firma und verlieren Sie so nicht schon den ersten Anschluss. Einer Ihrer Leitsätze während dieser Zeit der Abwesenheit könnte sein, dass wer sich zu lange oder zu weit vom Job entfernt, schnell vergessen wird.

Sind die ersten anstrengenden Wochen nach der Geburt gut überstanden, werden Sie feststellen, dass Sie nun ungeahnte Kräfte freisetzen, die Sie auch nutzen sollten. Natürlich können Sie nicht mit absoluter Sicherheit vor der Geburt sagen, wie Ihnen danach zumute sein wird. Vielleicht sieht Ihre Neuorientierung ja auch so aus, dass Sie sich beim besten Willen nicht vorstellen können, das kleine Wesen jemals aus den Händen zu geben. Möglicherweise spricht auch die Konstitution des Babys dagegen, dass Sie es direkt nach dem Mutterschutz abgeben und von jemand anderem betreuen lassen.

Wenn Sie jedoch den festen Willen haben, sofort nach Ablauf der Schutzfrist an Ihren Arbeitsplatz zurückzukehren, so formulieren Sie das so früh wie möglich. Weder der Chef noch die Kollegen dürfen daran zweifeln, dass Sie mit voller Kraft und hohem Engagement zurückkommen wollen, denn Ihr Platz soll für Sie reserviert bleiben.

Je höher, umso schwieriger

Besonders in der Führungsebene und in Top-Positionen wird eine längere Pause nicht möglich sein, ohne den Anschluss in technischer und personeller Hinsicht zu verpassen. Ein hoch qualifizierter Mitarbeiter in der Führungsetage muss präsent sein, um ernst und wahrgenommen zu werden. Es kann natürlich auch sein, dass Ihnen bereits während der Babypause der Kontakt zu den Kollegen, die Anerkennung beruflicher Erfolge und das damit verbundene Sozialprestige so sehr fehlt, dass Sie schneller als geplant wieder arbeiten wollen.

Nichts außer Baby-Talk?

Ihr Nachwuchs ist da und Sie haben sich auf die Babypause mit ihm gefreut. Doch schon nach relativ kurzer Zeit fällt Ihnen die sprichwörtliche Decke auf den Kopf? Zwischen füttern und Windeln wechseln denken Sie immer öfter an Ihren Job und Ihre Kollegen. Sie vermissen Ihre heiß geliebte Arbeit und den Umgang mit Erwachsenen, den Sie momentan gegen »Baby-Talk« eingetauscht haben. Und wie steht es um Ihre Schuldgefühle? Spüren Sie dieses leise, aber stetige schlechte Gewissen und fühlen Sie sich als Rabenmutter, weil Sie daran denken, Ihr Kind bald aus Ihrer alleinigen Obhut zu entlassen?

wie lange pausieren?

✔ Wie lange würden Sie gern pausieren?

✔ Was meinen Sie, wie lange Sie tatsächlich pausieren können, ohne Ihre Karriere zu riskieren?

✔ Wie halten Sie während der Babypause den Kontakt zu Ihren Kollegen?

✔ Ist es möglich, während einer längeren Babypause mit reduzierter Arbeitszeit am Ball zu bleiben?

✔ Haben Sie sich überlegt, ob und wie lange Sie stillen wollen? Lässt sich das am Arbeitsplatz realisieren?

✔ Weiß Ihr Chef, dass Sie ganz bestimmt zurückkommen?

Der Super-Job – und jetzt ein Kind

Gibt es sie, die »heile Welt«?

Es gibt ständig Stimmen, die laut und beharrlich fordern, dass Kinder mindestens in den ersten drei Lebensjahren ausschließlich zu Ihren Müttern gehören. Viele Zeitschriften und Babyratgeber singen auf Hochglanz das Hohe Lied der glückseligen Kleinfamilie nach konservativem Muster, und auch im Werbefernsehen werden gern problemlos funktionierende Haushalte gezeigt: Der Vater macht sich in Schlips und Kragen auf den Weg zur Arbeit, während die Mutter fröhlich das in seiner heilen Kinderwelt glückliche Kind bekocht und den Haushalt bewältigt.

Und dann sehen Sie sich selbst vor Ihrem inneren Auge, wie Sie zwischen Windeln und Windows hin- und herrasen, nie eine frisch gebügelte Bluse auf Vorrat im Schrank, immer in Eile und unter Zeitdruck, weil das Kind rechtzeitig abgeholt werden muss. Dieses Bild wird Ihnen als abschreckendes Beispiel vor Augen gehalten, und zwar von Leuten, die alles besser wissen und Ihnen damit ein ständig schlechtes Gewissen einreden wollen. Sicher führen Sie auch mit Ihren Eltern, mit Schwiegereltern, Verwandten und Bekannten viele Diskussionen über Ihre Pläne und Ihren Wunsch, wieder zu arbeiten. Wappnen Sie sich, denn Sie werden Ihren Standpunkt immer wieder gegen Angriffe verteidigen müssen, die mit »Rabenmutter« beginnen und über »Vernachlässigung des Kindes« mit dem Vorwurf, ein Egoist zu sein, enden. Vor allem Frauen, die sich als Vollzeitmütter um ihre Kinder kümmern, vertreten diese Vorurteile mit besonderer Überzeugung. Damit sind wir wieder einmal bei dem alten Thema:

alarmsignale

Es wird langsam Zeit für den Job, wenn …

- ✔ … Ihnen der Sinn nicht mehr nach »La-Li-Lu«, sondern immer häufiger nach »facts and figures« steht.
- ✔ … Sie sehnsüchtig Ihrem Partner hinterherschauen, wenn er mit dem Aktenkoffer das Haus verlässt.
- ✔ … Sie sich nach einem Tag in Pumps und Business-Kostüm sehnen.
- ✔ … Ihnen im Vergleich zu den Hipp-Resten sogar Ihre alte Kantine ein Gourmettempel zu sein scheint.
- ✔ … Sie jede Mittagspause zum Telefonat mit den Kollegen nutzen.
- ✔ … Ihr Partner mit der Idee liebäugelt, Sie könnten langsam anfangen, auch seine Hemden zu bügeln.
- ✔ … Sie das Gefühl haben, Sie sollten Ihren Haushalt langsam wieder Ihrer Hilfe überlassen.

Finden Sie die für *Sie* optimale Zukunftsplanung und vertreten Sie diese selbstsicher! Nur wenn Sie klare Entscheidungen getroffen haben, können Sie Ihren Standpunkt gut vertreten und kommen nicht immer wieder mit Ihren Gefühlen ins Strudeln.

Die Entscheidung

Viel zu tun und nichts geschafft

Mit hoher Wahrscheinlichkeit sind Sie als Mutter des Kindes diejenige, die »erst einmal« zu Hause bleibt. Gerade im Beruf stark engagierte Frauen, die es gewohnt sind, an einem einzigen Arbeitstag eine Menge zu bewegen und zu bewirken, sind völlig überrascht über den Babyalltag, der sich zuweilen einstellt. Wie kann es passieren, dass man in den ersten Wochen nach der Geburt an manchen Tagen bis zum Mittag nicht unter der Dusche war, ja es vielleicht noch nicht einmal raus aus dem Morgenmantel geschafft hat? Hinzu kommt, dass sich jetzt, wo man ja »den ganzen Tag zu Hause ist und endlich mal Zeit hat«, langsam, aber sicher auch die Erwartungen des Partners verändern, was die Verteilung der häuslichen Pflichten angeht. Wehren Sie dabei den Anfängen! Denn je nach Dauer Ihrer Babypause kann es auch passieren, dass Ihr zuvor durchaus zu 50 Prozent in den Haushalt involvierter Partner sich mehr und mehr von seinen lästigen Pflichten zurückzieht und diese großzügig Ihnen überlässt.

Double the trouble ...

Natürlich sind Sie überglücklich mit Ihrem Kind und genießen wundervolle Momente. Doch fast alle gut ausgebildeten, berufstätigen Mütter haben auch lange Phasen, in denen sie sich extrem allein gelassen und hilflos fühlen. Hinzu kommt, dass in ihrem karriereorientierten Umfeld nur wenige Frauen in der gleichen Situation zum Erfahrungsaustausch zur Verfügung stehen. Haben Sie das Glück, doch jemanden in einer ähnlichen Situation zu kennen? Sprechen Sie Ihre Empfindungen über die augenblickliche Situation offen aus! Ihr Gegenüber wird Sie sicherlich verstehen!

Vor allem erfolgsverwöhnte Frauen scheuen davor zurück, sich gegenseitig Probleme einzugestehen. Man ist doch nur mit einem Kind zu Hause – und das muss man fröhlich genießen können. Schließlich hat man in alten Bürozeiten schon ganz andere Dinge gemanagt und sich oft genug ausgemalt, was man mit der unendlichen Freizeit während der Babypause alles anstellen könnte ...

Also nur Mut: Anderen geht es auch nicht besser als Ihnen. Nehmen Sie Kontakt auf, es tut schließlich jedem gut, wenn er weiß, dass er mit seinen Problemen nicht alleine dasteht.

Genießen Sie die erste Zeit mit dem Baby – für den Job ist später noch Zeit!

Der Super-Job – und jetzt ein Kind

tipp

Bemühen Sie sich im Geburtsvorbereitungskurs, in der Entbindungsklinik und später beim Kinderarzt um nette Kontakte. Diese Bekanntschaften können Sie als eine Art Networking nutzen. Tauschen Sie Tipps und Tricks zu den vielen Themen, die Sie jetzt bewegen, aus. Vielleicht ist es ja auch möglich, sich gegenseitig zu unterstützen: Es ist nicht zu unterschätzen, wenn außer der Oma auch einmal eine Freundin schnell einspringen kann.

Auch Mütter haben Bedürfnisse

Die Tatsache, dass Sie Ihr Kind heiß und innig lieben, bedeutet noch lange nicht, dass Sie Ihre Erfüllung in einem 24-Stunden-Mutter-Tag finden werden. Ihre Partnerschaft, Interessen im kulturellen Bereich, Freude am Job, Ihr soziales Umfeld – all diese Dinge schaffen Zufriedenheit. Sie können und sollen durch die Geburt Ihres Kindes nicht ersetzt, sondern nur ergänzt und neu gewichtet werden.
Es kann sehr mühsam sein, die eigenen Interessen zu erkennen, zu formulieren und gegen den Widerstand der eigenen Familie, des Bekanntenkreises und der Gesellschaft durchzusetzen. Aber es lohnt sich auf jeden Fall!

Allein mit einem Kind

Ohne Partner den Nachwuchs großzuziehen, ist in den seltensten Fällen so geplant. Man liest zwar immer mal wieder von beruflich erfolgreichen Power-Frauen, die – wenn die biologische Uhr anfängt zu ticken und kein geeigneter Vater in Sicht ist – es darauf ankommen lassen und von irgendeinem intelligenten, hübschen Mann schwanger werden. Doch das ist die absolute Ausnahme!

Es gibt viele Gründe ...

Meist ist es so, dass mit der Ankunft des Kindes die Partnerschaft neuen Belastungen ausgesetzt ist. Sie tragen gemeinsame Verantwortung, es entstehen Abhängigkeiten. Wenn der Partner in der Organisation nicht mitspielt, ist man aufgeschmissen. Diesen neuen Anforderungen halten viele Beziehungen nicht stand. Dementsprechend hoch ist die Trennungsrate von Eltern-Paaren in den ersten drei Lebensjahren des Kindes.
Vielleicht stammt Ihr Kind aber auch aus einer Beziehung, die von Ihnen von Anfang an nicht als Partnerschaft fürs ganze Leben geplant war. Deshalb haben Sie beschlossen, das Kind allein zu erziehen.
Am schwersten ist die Situation natürlich, wenn Sie Ihren Partner durch Krankheit oder einen Unfall verloren haben. Doch aus welchen Gründen auch immer Sie mit Ihrem Kind allein sind – für Sie als Alleinerziehende gelten andere Richtlinien. Sie sind Eltern, Familienvorstand und Alleinverdiener in einer Person. Sie können weder auf emotionale noch auf finanzielle Unterstützung durch

→ Die Entscheidung

Ein Kind alleine zu erziehen ist eine echte Herausforderung, die Mutter und Kind meist eng zusammenschweißt. Damit die Zweisamkeit nicht zur Isolation wird, sollten Sie Dritte im Bunde zulassen.

einen Lebenspartner zurückgreifen. Andererseits brauchen Sie sich nicht dauernd mit jemandem abzusprechen und Kompromisse zu schließen. Die Frage, ob und wann Sie weiterarbeiten wollen, stellt sich Ihnen nicht – Sie müssen es ganz einfach.

**Geben Sie sich
und Dritten eine Chance**
Vielleicht sind Sie finanziell so abgesichert, dass Sie nicht unbedingt arbeiten müssten. In diesem Fall sollten Sie es vermeiden, dass Ihr Kind und Sie zu einer Einheit verschmelzen, in der kein anderer jemals mehr Platz finden kann. Für Ihr Kind ist es sehr wichtig, dass auch Sie sich im Gleichgewicht befinden und mit sich und Ihrem Leben zufrieden sind, denn Sie sind Vorbild und haben die alleinige Leitfunktion. Wenn Sie arbeiten und jeden Tag unter Menschen gehen, fühlen Sie sich erst gar nicht isoliert. Hinzu kommt, dass Ihr Selbstwertgefühl ganz von selbst Aufwind erhält, wenn Sie beruflich Erfolg haben und Anerkennung erfahren.
Ein ganz wichtiger Punkt: Als Alleinerziehende brauchen Sie immer, wenn Sie arbeiten

gehen oder etwas für sich unternehmen wollen, jemanden, der sich in Ihrer Abwesenheit um Ihr Kind kümmert. Die Frage der Kinderbetreuung ist für Sie ganz besonders wichtig, Ihr Betreuungsnetz muss deshalb noch dichter und zuverlässiger gewebt sein.
Sie wollen und müssen ein großes Stück Eigenleben bewahren, das über die Mutterrolle hinausgeht. Scheuen Sie sich also nicht, freiwillige Betreuungsangebote anzunehmen. Sie brauchen die Unterstützung von Freunden, Bekannten und Familie. Lernen Sie »ja« zu sagen, wenn Ihnen Hilfe angeboten wird.

Plötzlich allein – und dann?

Vor allem wenn Sie ungeplant allein erziehend geworden sind, müssen Sie von heute auf morgen eine Vielzahl von Aufgaben bewältigen. Sie müssen den Verlust Ihres Partners verkraften und damit auch den Verlust Ihres Lebensplanes. Ein neues Konzept muss her, und zwar für Privatleben und Beruf.
Dazu kommt auch noch das schlechte Gewissen den Kindern gegenüber. Sie sollen jetzt mit einem Elternteil im täglichen Leben zurechtkommen und den Partner – wenn überhaupt – nur noch besuchsweise erleben. Selbst bei einem geteilten Sorgerecht bleibt der gewichtigere Anteil der Entscheidungen bei Ihnen. Sie müssen die Verantwortung in vielen Dingen letztendlich alleine tragen. Viele Alleinerziehende vermissen vor allem die Möglichkeit, sich in schwierigen Zeiten durch ihren Partner Feedback und Bestätigung zu holen – sei es bei spontan auftretenden ernsten Erkrankungen, bei Schulproblemen oder Pubertätsstress der Kinder.

Dritte Bezugspersonen sind wichtig

Think positive! Sehen Sie die Vorteile für Ihr Kind, wenn es die Wahl zwischen mehreren erwachsenen Bezugspersonen hat. Studien beweisen, dass solche Babys und Kleinkinder wunderbar gedeihen und auf einigen Entwicklungsgebieten sogar einen Vorsprung haben. Eine gesunde Mutter-Kind-Beziehung leidet keineswegs, wenn die Mutter nicht dauernd verfügbar ist. Kinder sind sehr gut in der Lage, zu mehreren Erwachsenen tiefe, feste Bindungen aufzubauen. Sie können es dann sogar viel besser verkraften, die Mutter auch immer wieder mal zu verabschieden, denn sie haben die Erfahrung gemacht, dass auf einen Abschied auch ganz bestimmt ein Wiedersehen folgt. Gerade für größere Einzelkinder ist es schön, in den Ferien zu Tante und Onkel zu fahren – vor allem dann, wenn dort auch Kinder sind. Oder sie besuchen die Großeltern, zu denen sich durch die Besuche eine besonders enge Bindung entwickeln kann.

tipp

Eine Idee für Eltern älterer Kinder ist ein »SOS-Telefon«. Besorgen Sie sich ein zweites Mobiltelefon, das auch im allerwichtigsten Meeting ständig auf (lautlosem!) Empfang ist. Es ist für Ihre Kinder ein gutes Gefühl, wenn Sie im Notfall immer für sie erreichbar sind.

Die Entscheidung

Organisatorisches
Vielleicht gibt es eine Möglichkeit, Ihre Arbeitszeiten neu zu überdenken. Wenn Ihr Partner bisher einen Teil der Hol- und Bringdienste geleistet hat, muss neu organisiert werden. Nicht kalkulierbare Arbeitszeiten können Sie mit einem kleinen Netzwerk im Freundeskreis Ihrer Kinder ausgleichen. Vielleicht sind einige Mütter froh, wenn Sie morgens (wo Sie ohnehin aus dem Haus müssen) ein paar Kinder einsammeln und in Krippe, Kindergarten oder Schule abliefern. Am Nachmittag, wenn es bei Ihnen eng wird, wird dann im Gegenzug Ihr Kind mitgenommen. Egal wie Sie Ihre Hol- und Bringdienste organisieren: Wichtig ist vor allem, dass Sie und Ihr Kind sich auf die Helfer hundertprozentig verlassen können. Denn nichts ist schlimmer, als in der Kinderkrippe oder im Kindergarten als letztes Kind übrig zu bleiben und nicht zu wissen, von wem man wann mitgenommen wird. Um Ihrem Kind unangenehme Überraschungen zu ersparen, sollten Sie auf einen zuverlässigen Tagesablauf achten und diesen jeden Morgen mit ihm durchsprechen. Ihr Kind weiß dann, was heute auf es zukommt, von wem es abgeholt und wo es bleiben wird. Das gibt Sicherheit für den Tag.
Wenn es bei Ihnen sehr oft sehr spät wird, sollten Sie sich jemanden suchen, der – gegen Bezahlung – die »Feuerwehr« für die Nachmittags-Abholtermine spielen kann. Das kann eine allein stehende Dame sein, die sich über die Abwechslung freut, oder auch eine Mutter in der Nachbarschaft, die nachmittags nicht arbeitet und den zusätzlichen Verdienst vielleicht gut gebrauchen kann.

Gleich und gleich gesellt sich gern
Viele Alleinerziehende empfinden trotz der Belastungen in einer bis zur letzten Minute durchgeplanten Woche ausgerechnet das Wochenende als eine besonders schwierige Zeit. Meist besteht der Großteil des Bekanntenkreises aus »kompletten« Familien, die an den Wochenenden oft unter sich bleiben. Ihnen wiederum bleiben unter der Woche wegen des anspruchsvollen Jobs und der Kinder wahrscheinlich keine Energien für soziale Kontakte. Deshalb genießen Sie am Samstag und Sonntag die Zeit mit Ihren Kindern, ohne dass Sie auf Termine und Dritte Rücksicht nehmen müssen. Freizeitaktivitäten wie Schwimmen, Skifahren und Kasperletheater machen aber in Gesellschaft noch mehr Spaß. Außerdem haben Sie bei solchen Unternehmungen Gelegenheit, endlich einmal private Kontakte zu pflegen.
Geben Sie sich einen Ruck: Anderen Alleinerziehenden geht es wie Ihnen, vielleicht würden auch Sie gern Kontakt aufnehmen – rufen Sie einfach an und fragen Sie nach. Und auch so manche »Komplettfamilie« freut sich vielleicht, durch Ihre Ideen dem üblichen Sonntagstrott zu entkommen.

Werden Sie aktiv
Nehmen Sie Ihren Freundeskreis unter die Lupe und überlegen Sie sich, wer für gemeinsame Aktivitäten in Frage kommt. Scheuen Sie sich nicht, über Verbände und Stammtische Kontakt zu anderen allein erziehenden Müttern und Vätern zu suchen. Sie werden erstaunt sein, wie viele Anknüpfungspunkte sich finden. Der Austausch über Ihre gemein-

samen Probleme wird Ihnen und den anderen Ratsuchenden gut tun. Zudem ergeben sich aus solchen Situationen vielfältige Möglichkeiten des Networkings und der gegenseitigen Unterstützung.

Die positiven Seiten
Mit der Zeit werden Sie mit Sicherheit auch einige Vorteile entdecken, die das allein Erziehen mit sich bringt. Wenn Sie nach einem anstrengenden Arbeitstag nach Hause kommen, können Sie den Abend ganz nach Lust und Laune gestalten, ohne auf die Befindlichkeiten des Partners eingehen zu müssen. Wenn im Haushalt einmal alles liegen geblieben ist: Die Kinder stört ein kleines Chaos zwischendurch bestimmt nicht … Irgendwann kommt dann sogar das Alter, in dem Ihre Kinder mächtig stolz sind auf ihre Mutter, die alles so gut schafft. Und Sie können im Gegenzug stolz sein, wie selbstständig und hilfsbereit Ihre Kinder sind.

Selbstständig?! Dann wird die Babypause wahrscheinlich nicht sehr lange dauern.

Welche alternativen Arbeitsmodelle gibt es?

Sie waren beruflich erfolgreich, bevor das Wunschkind kam, und konnten sich eigentlich nie vorstellen, völlig mit dem Arbeiten aufzuhören. Nach der Babypause steht Ihnen der Sinn wieder nach Business. Doch Ihnen ist klar, dass Sie den früheren Berufsstress sich und dem Kind nicht zumuten wollen. Welche Möglichkeiten haben Sie, in einem alternativen Arbeitsmodell in Ihren Job zurückzukehren und trotzdem noch Zeit für Ihr Kind zu haben? Anbei ein kleiner Überblick.

Selbstständig mit Kind(ern)

Die Selbstständigkeit birgt in dieser Lebensphase Vor- und Nachteile. Wenn Sie bereits vor der Schwangerschaft selbstständig waren, haben Sie keine Möglichkeit, in aller Seelenruhe über die Dauer des Erziehungsurlaubs nachzudenken. Mitarbeiter und Kunden erwarten Kontinuität. Und natürlich legen auch die laufenden Kosten Ihres Unternehmens keine Babypause ein.
Um selbstständig zu sein, haben Sie große Anstrengungen unternommen und sind die

Verpflichtung eingegangen, hohe Startkosten durch einige Jahre erfolgreichen Arbeitens zu egalisieren, bevor das Unternehmen überhaupt Gewinn abwirft. So ein »Arbeitsverhältnis« ist nicht schnell kündbar. Sie haben also gar keine andere Wahl als weiterzuarbeiten. Oft ist auch so viel persönliches Engagement mit eingeflossen, dass es für Sie außer Frage steht, dass Sie nach der Babypause so schnell wie möglich wieder zurückkehren.

Flexibilität als größter Vorteil
Auf der anderen Seite können Sie sich durch Delegation an freie oder feste Mitarbeiter Luft verschaffen. Dadurch sind Sie in der Lage, sich möglicherweise einen großen Teil der Arbeit frei einzuteilen, um beispielsweise Schlafpausen des neuen Erdenbürgers zu nutzen etc. Wenn Sie schon länger selbstständig waren, haben Sie ein gutes Gefühl für Ihr Arbeitspensum und können vorab kalkulieren, was Sie in der Ihnen zur Verfügung stehenden Zeit schaffen können. Für die erste Zeit nach der Ankunft des Nachwuchses nehmen Sie – wenn es Ihnen möglich ist – vielleicht einige Aufträge weniger an als vorher.

Die Freiheit der Selbstständigen?
Vielleicht überlegen Sie, mit der neuen Familien-Lebensphase in die Selbstständigkeit einzusteigen. Wichtig ist dann, die Freiheit der »Freien« nicht zu überschätzen. Auch Ihre Kunden müssen wissen, wann Sie zuverlässig erreichbar sind. Projekte haben festgelegte Laufzeiten; es gibt Abgabetermine, die eingehalten werden müssen. Auch wenn die Einteilung insgesamt freier ist – das erforderliche Arbeitspensum pro Tag muss untergebracht werden. Am besten machen Sie sich bei anderen Selbstständigen schlau. Für die formalen Probleme bei der Existenzgründung gibt es Informationsabende bei Ihrer Industrie- und Handelskammer. Die Finanzsituation in der Gründungsphase sollten Sie ausführlich mit Ihrer Bank und einem guten Steuerberater besprechen. Wenn Sie diese Vorarbeiten gewissenhaft erledigt haben und auch die erforderliche Eigenmotivation mitbringen, ist die Selbstständigkeit eine wunderbare Möglichkeit, Ihre Karriere auch mit Familie nach Ihren Wünschen zu gestalten.

Neue Arbeits(zeit)modelle und -formen

Die Diskussion über die Verbesserung und Einführung neuer Arbeitszeitmodelle und Arbeitsformen ist ein Dauerbrenner. Erste Erfolge sind sichtbar: Der Einstieg in die Teilzeit wurde erleichtert, die Handhabung der Elternzeit ist flexibler geworden, Tele- und Zeitarbeit setzen sich immer stärker durch.

Teilzeit
Teilzeitarbeit ist besser als ihr Ruf, wenn man es versteht, die Vorteile für sich zu nutzen. In vielen Bereichen ist es möglich, während der Elternzeit zeitweise kürzer zu treten und die Karriere trotzdem nicht aufs Spiel zu setzen. Dann heißt die Frage nicht mehr Kind oder Karriere, sondern: Wie viel Zeit möchte ich in den nächsten Monaten wofür einplanen? Wichtig ist, dass Sie dabei nicht nur die Anforderungen im Büro (Kernzeiten am Tage, Mes-

sezeiten; Jahresabrechnungsstress etc.) berücksichtigen, sondern auch Ihre privaten Bedürfnisse einplanen. Erkundigen Sie sich, wann Ihre Kinderbetreuung Ferien hat, zu welchen Zeiten Ihr Partner aus beruflichen Gründen ausfällt oder wann eine Oma verfügbar ist. All diese Faktoren sollten Ihr Arbeitszeitmodell beeinflussen.

Neues in Sachen Teilzeit
Seit Januar 2001 ist der Einstieg in flexiblere Arbeitszeiten deutlich leichter geworden. Zudem haben sich die Gestaltungsmöglichkeiten bei der Betreuung kleiner Kinder durch eine Änderung des Bundeserziehungsgeldgesetzes deutlich verbessert.
Anspruch auf Elternzeit haben nun alle Mütter und Väter, die in einem Arbeitsverhältnis stehen. Dabei ist es unerheblich, ob sie vollbeschäftigt sind, in Teilzeit oder auf 325-Euro-Basis arbeiten. Neu ist die Möglichkeit, eine gemeinsame Elternzeit zu beantragen und sich mehrmals abzuwechseln.
Ein ganz wichtiger Punkt der neuen Regelung ist, dass seitdem jede Mutter beziehungsweise jeder Vater einen Rechtsanspruch auf die Verringerung der Arbeitszeit hat. Zudem wurde die Grenze der zulässigen Teilzeitarbeit während der Elternzeit von 19 auf 30 Stunden pro Woche und Elternteil angehoben.

Voraussetzungen
Voraussetzungen für die Verringerung der Arbeitszeit sind, dass Ihr Arbeitgeber in der Regel mehr als 15 Arbeitnehmer beschäftigt, Sie ohne Unterbrechung länger als sechs Monate dort angestellt sind und die vereinbarte Arbeitszeit für mindestens drei Monate gekürzt werden soll. Sie müssen den Anspruch auf Verringerung der Arbeitszeit mindestens acht Wochen vor Beginn der Teilzeit Ihrem Arbeitgeber mitteilen und Ihrem Begehren dürfen keine dringenden betrieblichen Gründe entgegenstehen.

Wenn der Chef nicht mitspielt
Möchte Ihr Chef die von Ihnen beantragte Verringerung der Arbeitszeit ablehnen, so muss dies innerhalb von vier Wochen und mit schriftlicher Begründung erfolgen. Versäumt es Ihr Arbeitgeber, Ihrem Antrag gar nicht oder nicht rechtzeitig zuzustimmen, können Sie als Eltern vor dem Arbeitsgericht klagen. Während der gesamten Dauer der Elternzeit können Sie die Reduzierung der Stundenzahl höchstens zweimal pro Elternteil beanspru-

Mit Teilzeitarbeit bleiben Sie am Ball und die Frage »Kind oder Karriere?« erübrigt sich.

chen. Wenn Sie die Anmeldefrist von acht Wochen verpasst haben, müssen Sie den Antrag schnellstens nachholen und den Termin für den Beginn der veränderten Arbeitszeit entsprechend nach hinten verschieben. Haben Sie schon vor Beginn der Elternzeit eine Teilzeitbeschäftigung von bis zu 30 Stunden ausgeübt, so können Sie diese natürlich ohne Antrag unverändert fortsetzen.

Kündigungsschutz & Co.
Während der Elternzeit kann Ihnen Ihr Arbeitgeber grundsätzlich nicht kündigen. Der Kündigungsschutz beginnt mit der Anmeldung der Elternzeit bei Ihrem Arbeitgeber, frühestens jedoch acht Wochen vor deren Beginn, und endet mit Ablauf der Elternzeit. Dieser Kündigungsschutz besteht aber auch, wenn Sie bei Ihrem alten Arbeitgeber während der Elternzeit eine zulässige Teilzeitarbeit ausüben. Unter bestimmten Umständen – wenn Sie gar keine Elternzeit in Anspruch nehmen, sondern eine bereits vorher bestehende Teilzeitarbeit im zulässigen Rahmen von 30 Stunden pro Woche fortsetzen – fallen Sie ebenfalls unter diesen Kündigungsschutz.

Falls Sie während Ihrer Elternzeit Erziehungsgeld beziehen, müssen Sie mit Aufnahme Ihrer Teilzeitbeschäftigung umgehend die Erziehungsgeldstelle informieren. Ihr Einkommen aus der Teilzeitarbeit wird dann beim Erziehungsgeld angerechnet.

Fazit
Insgesamt handelt es sich bei diesem neuen Gesetz um einen begrüßenswerten Schritt in die richtige Richtung. Leider ist es recht vage formuliert, sodass in der Praxis der Anspruch auf Teilzeit nicht immer durchsetzbar sein wird. Wenn Ihr Chef Ihren Antrag aus dringenden betrieblichen Gründen ablehnt, müssten Sie Widerspruch einlegen. Dies wiederum hätte einen langwierigen Arbeitsrechtsprozess zur Folge, weswegen die meisten Arbeitnehmer im konkreten Fall dann doch lieber auf den Anspruch verzichten. Wer möchte schon über Monate hinweg täglich ins Büro gehen, wenn parallel dazu eine gerichtliche Auseinandersetzung mit dem Chef läuft? Bis sich also zu diesem Thema eine eindeutige Rechtsprechung entwickelt hat, bleibt wohl erst einmal (fast) alles wie gehabt.

Doch keine Angst: Sie sind schwer ersetzbar durch Ihr spezielles Fachwissen, haben sich durch hervorragende Projektarbeit hervorgetan und Sie sind gleichermaßen beliebt bei Untergebenen und Vorgesetzten? Dann wird Ihr Arbeitgeber sich vermutlich alle Mühe geben, Sie so schnell wie möglich an den Arbeitsplatz zurückzulocken, selbst wenn sich die Wochenarbeitszeit insgesamt verkürzt. Also passen Sie rechtzeitig auf, dass Sie später nicht zu den Arbeitnehmern gehören, deren Abwesenheit während der Elternzeit nicht weiter auffällt!

Telearbeit
Der Arbeitsplatz zu Hause erfreut sich in unserer hoch technisierten Gesellschaft zunehmender Beliebtheit. Statt Styling und morgendlichem Stau sitzen Sie in Jeans und Sweatshirt am Computer und sind dabei in Hochgeschwindigkeit mit dem Rest der Arbeitswelt vernetzt. Und der Nachwuchs

Der Super-Job – und jetzt ein Kind

wird dann auch noch nebenher betreut …
Das hört sich verlockend an, und mit dem heutigen Stand der Technik wird geschätzt, dass sich ein Zehntel der Arbeitsplätze ohne größere Probleme ins Home-Office verlegen ließe. Im Augenblick liegt der Anteil der modernen »Heimarbeiter« allerdings noch bei unter einem Prozent – Tendenz steigend. Wenn Sie bald dazugehören wollen, gibt es einige Dinge zu bedenken:
Sie brauchen einen geeigneten Raum mit ausreichend Platz und Ruhe – die erforderlichen technischen Geräte stellt Ihnen Ihr Arbeitgeber zur Verfügung. Sie müssen sich genau überlegen, ob Ihnen der Online-Kontakt zu Ihren Kollegen ausreicht. Vielleicht gehören Sie ja auch zu denjenigen, die nicht ständig in Ihrer Konzentration von Kollegen oder dem Telefon unterbrochen werden wollen. Telearbeit eignet sich besonders für Jobs, in denen viel kreativ und konzeptionell gearbeitet wird.

Vor- und Nachteile
Arbeitsumfang, Ziele, Arbeitszeit und feste Zeiten, zu denen Sie ins Büro kommen, müssen vorab mit dem Arbeitgeber festgelegt werden. Regelmäßiger Kontakt bei Besprechungen erhält den persönlichen Draht zu Ihnen als »Außenstelle«.
Ideal ist die individuelle Zeitplanung. Alle Hol- und Bringdienste für die Kinder können Sie selbst erledigen, Arztbesuche oder Ähnliches können Sie einschieben, ohne jedes Mal einen halben Urlaubstag dafür zu opfern. Schwierig ist bei der freien Einteilung häufig die Trennung zwischen Berufs- und Privatleben, da der Schreibtisch nah ist und es

Ein »Home-Office« hat mit kleinen Kindern viele Vorteile, verlangt gleichzeitig aber auch eine Menge Disziplin.

immer etwas zu erledigen gibt. Achten Sie darauf, dass Sie Ihre Freizeit mit den Kindern umso bewusster genießen!

Zu Hause und doch im Dienst
Wer zu Hause arbeitet, sollte regelmäßig per Telefon oder E-Mail Kontakt zu seinem Büro aufnehmen, da von zu Hause erbrachte Leistung manchmal weniger anerkannt wird. Nutzen Sie oft die frühen Morgenstunden oder die Abende/Nächte für Ihre Arbeit? Dann schicken Sie Ihre E-Mails doch auch zu diesen

checkliste

Passt Telearbeit zu mir?

✔ Steht mir zu Hause ein Büroraum zur Verfügung?
✔ Habe ich genug Ruhe?
✔ Bin ich vertraut im Umgang mit allen modernen Kommunikationsmitteln?
✔ Habe ich ausreichend Eigeninitiative?
✔ Kann ich ohne Störung durch die Kinder konzentriert arbeiten?
✔ Werden mir die Kollegen fehlen?
✔ Vermisse ich das tägliche Styling?

Zeiten los. Wenn Ihre Kunden beziehungsweise Ihre Arbeitgeber regelmäßig morgens als Erstes mit Ihrer Post begrüßt werden, entsteht erst gar nicht der Eindruck, Sie führten zu Hause ein Langschläferdasein.

Ohne Kinderbetreuung geht nichts

Wenn Ihre Kinder noch klein und Sie mit Ihrer Telearbeit voll berufstätig sind, muss die Betreuung der Kinder organisiert werden. Wenn es sich dabei um regelmäßige Zeiten handelt, sollten Sie diese auch Ihrem Büro und Ihren Kunden mitteilen. Zu eben diesen Zeiten sind Sie erreichbar, ohne dass Sie ständig von den Kleinen unterbrochen werden. Denn in diesem Fall können Ihre Ausführungen noch so professionell sein, es wird am Ende der Leitung nicht so ankommen!

Zeitarbeit

Eine weitere Möglichkeit, nach einer Pause wieder an den Berufsalltag anzuknüpfen, ist die Zeitarbeit. Zwar steht es bei dieser Art des Beschäftigungsverhältnisses nicht besonders gut um Ihre Aufstiegschancen; doch es lohnt sich, die Vorteile genauer zu betrachten.
Mit Hilfe der Zeitarbeit kommen Sie wieder unter Menschen und können Kontakte knüpfen, die irgendwann einmal wertvoll und wichtig sein können. Sie verdienen eigenes Geld, reagieren äußerst flexibel auf die Anforderungen in den verschiedenen Firmen. Sie können auf den unterschiedlichsten Gebieten Fachkenntnisse erwerben und selbst bestimmen, wie viel Sie arbeiten möchten.
Gerade nach einer längeren Babypause eignet sich die Zeitarbeit, um in der Arbeitswelt wieder Fuß zu fassen: Sie arbeiten mit verschiedenen Computerprogrammen und kommen so wieder auf den neuesten Stand in der praktischen Anwendung.

Von der Zeitarbeit zur Festanstellung

Wenn alles gut läuft, haben Sie zudem eine große Chance, von Ihrem Zeit-Arbeitgeber eine feste Anstellung angeboten zu bekommen. Das ist durchaus üblich und bringt große Vorteile für beide Seiten mit sich: Jedem wird der Arbeitsstil des anderen vertraut, und man weiß, ob die Chemie auch im persönlichen Bereich stimmt. Das Zeitarbeitsverhältnis kann in diesem Fall als eine Art Probezeit für beide Seiten gesehen werden.
Das kann nach einer längeren Unterbrechung Ihrer Karriere schneller zu einem Vollzeitjob führen als eine klassische Bewerbung. Denn

Arbeitgeber haben oft Bedenken, ob in der langen Pause nicht alles Wissen verloren gegangen ist. Beim weniger verpflichtenden Zeitarbeitsvertrag ist der potenzielle Chef viel eher bereit, es einfach einmal auszuprobieren. Achten Sie darauf, eine seriöse, seit mehreren Jahren gut arbeitende Agentur auszusuchen. Nur wirklich gute und erfahrene Zeitarbeitsfirmen haben Kontakte zu wirklich guten und interessanten Kunden.

Vertrauensarbeitszeit

In vielen Branchen ist der Erfolg ausschließlich vom Ergebnis der Arbeit abhängig. Dabei ist es nicht so wichtig, ob Sie 30 oder 50 Stunden investieren mussten. Einige wenige Unternehmen haben aus diesem Grund die Vertrauensarbeitszeit eingeführt. Festgelegt sind hier nicht mehr die Arbeitszeiten, sondern die Ziele, die zu erreichen sind.

Trotzdem macht es auch in diesem Fall Sinn, die Arbeitszeiten für sich selbst zu dokumentieren. Schließlich muss der zeitliche Aufwand in Ihre Honorarkalkulationen einfließen. Zu guter Letzt brauchen Sie diese Aufzeichnungen auch, damit Vertrauensarbeitszeit für Sie nicht bedeutet, dass Sie jetzt 70 statt 50 Stunden arbeiten, ohne dafür dann auch entsprechend entlohnt zu werden.

Das Monats-/Jahres-Stundenkonto

Beim Monats- beziehungsweise Jahres-Stundenkonto handelt es sich um eine wunderbare Möglichkeit für flexibles Arbeiten – ob in Teilzeit oder Vollzeit –, die Schule machen sollte. Basis ist ein langfristig angelegtes Stundenkonto. Die zu arbeitende Zeit pro Monat, oder noch flexibler pro Jahr, wird einmal festgelegt. Auf dieser Basis wird das Gehalt ausgerechnet, das dann ganz normal jeden Monat zu gleichen Teilen ausbezahlt wird.

Der Hintergedanke ist folgender: In den meisten Unternehmen weiß man ganz genau, wann die arbeitsintensivsten Zeiten im Jahr sind: das Jahresende für Finanzen und Controlling, die Vor-Ferienzeiten im Reisebüro etc. Die Stunden, die sich zu diesen Stoßzeiten angesammelt haben, kann man dann in Absprache mit den Kollegen wunderbar in flaueren Zeiten »abfeiern« – ein Modell, dessen Flexibilität für berufstätige Mütter geradezu perfekt ist.

> **check-liste**
>
> **Kriterien für eine gute Zeitarbeitsfirma:**
>
> ✔ Hat die Firma eine amtliche Lizenz?
>
> ✔ Existiert die Firma schon seit längerem und hat entsprechende Kontakte?
>
> ✔ Werden Sie marktgerecht bezahlt?
>
> ✔ Klärt man Sie über Ihre Rechte auf?
>
> ✔ Erhalten Sie einen schriftlichen Vertrag?

interview

Ich habe Glück — während meiner einjährigen Babypause kann ich stundenweise zu Hause arbeiten und einmal in der Woche ins Büro gehen. An diesem Tag geht mein Sohn zu seiner Tagesmutter, die ihn später die ganze Woche über betreuen wird. Ein Auffrischungskurs an der VHS für mein Business Englisch ist zeitlich auch noch drin — so bleibe ich fit im Kopf und komme regelmäßig unter Leute.

DIE BABYPAUSE RICHTIG NUTZEN

Egal wie lange Sie Ihre Babypause ausdehnen, genießen Sie die Zeit! Körper und Seele befinden sich nach Schwangerschaft und Geburt in einer Art Ausnahmezustand und eine Pause ist sehr wohltuend. Machen Sie sich bewusst, dass Sie diese Art von »Auszeit« nicht oft in Ihrem Leben haben werden: Sie sind reich beschenkt worden durch ein Kind! Sie haben nun die einmalige Chance, sehr viel Neues zu lernen. Sie werden viel an Lebenserfahrung gewinnen und Dinge dazulernen, die Bücher oder Zeitschriften niemals vermitteln können. Diese Pause ist also etwas ganz Besonderes. Sie will aber auch gut genutzt sein, denn schließlich soll nach der Babypause Ihr »normales Leben« wieder weitergehen.

Bleiben Sie am Ball

Sie haben sich nach reiflicher Überlegung und in Absprache mit Ihrem Partner dafür entschieden, nach der Babypause wieder ins Berufsleben zurückzukehren. Sie haben mit Ihrer Firma den Termin für Ihr Comeback festgelegt und könnten sich jetzt eigentlich ganz entspannt zurücklehnen, sich nur noch auf Ihre neue Rolle als Mutter konzentrieren und sich um Ihr Baby kümmern.

Vorsicht Falle
Und der Job? Denken Sie noch viel an Ihre Kollegen und die Aufgaben, die Sie noch bis vor kurzem voll mit Beschlag belegten? Oder gehören Sie zu den »Verdrängern«, die jeden Gedanken an die Berufswelt aus dem Kopf verbannen? Hier lauert eine große Falle! Denn Sie lieben Ihren Job. Sie kommen in Ihrer Abteilung mit allen Kollegen gut aus. Sie fühlen sich wohl an genau diesem Arbeitsplatz. Und Sie haben lange auf Ihre jetzige Position hingearbeitet.
Dann ist das Baby da und Sie ziehen sich plötzlich für längere Zeit – mindestens drei Monate, längstens drei Jahre – zurück. Jetzt sind Sie unsichtbar für Ihre Kollegen.
Die Gefahr ist groß, dass man Sie allzu schnell vergisst; und womöglich kommt ein anderer auf die Idee, dass er Ihr spannendes Aufgabengebiet gern selbst betreuen würde.
Was ist mit der Vertretung, die Ihren Job macht? Will sie vielleicht die Chance nutzen, Sie nicht nur für die Dauer Ihrer Abwesenheit zu vertreten, sondern Ihren Job irgendwann ganz zu übernehmen?

Wenn Sie monatelang auf Tauchgang gehen, besteht die Gefahr, dass die eben aufgezeigten Szenarien Wirklichkeit werden und Sie Ihre Abteilung und Ihre Kollegen bei Ihrer Rückkehr kaum noch wiedererkennen.

Den Job nicht ganz verdrängen
Natürlich sollen Sie Ihre Babypause genießen und neben der vielen Arbeit all das tun, was Sie sich gewünscht haben: Lesen, malen, in der Woche drei Kuchen backen und viel, viel spazieren gehen oder mit dem Baby joggen. Aber bitte vergessen Sie in Ihrem Baby-Honeymoon nicht die Zeit nach dem Mutterschutz beziehungsweise der Elternzeit. Es wird Ihnen den Einstieg um vieles erleichtern, wenn Sie auch in dieser Zeit engen Kontakt zu Ihrem Chef und den Arbeitskollegen halten.

> **by the way ...**
>
> Entlassen Sie Ihren Partner während Ihrer Babypause nicht aus allen Haushaltsverpflichtungen, für die er früher zuständig war. Hat er sich erst einmal an Ihren »Komplett-Service« gewöhnt, gibt es so schnell keinen Weg zurück. Im Gegenteil: Lassen Sie ihn von Anfang an zusätzlich auch Aufgaben rund um die Versorgung des Kindes übernehmen.

Lassen Sie auf dem Weg ins Büro die »Supermami« zu Hause.

Kontakt ja, aber bitte professionell!
Kontakt halten – schön und gut. Doch es wird Ihnen nicht sehr viel weiterhelfen, wenn Sie wöchentlich mit Säugling auf dem Arm und Spucktuch über der Schulter im Büro die »Arbeitsergebnisse« der letzten Tage präsentieren: Stillen nur noch alle drei Stunden, 197 g zugenommen, fünf Millimeter gewachsen und schreit nicht mehr beim Anziehen und Wickeln. Auch wenn Ihnen solche Gesprächsthemen momentan sehr am Herzen liegen, sie gehören einfach nicht hierher. Seien Sie bei Besuchen im Büro stattdessen ganz die Alte: Tun Sie so, als wäre in den vergangenen Wochen nichts passiert. Auf Nachfrage können Sie gern ein Foto vom Baby zeigen, Sie würden aber übertreiben, wenn Sie das ganze Album mitschleppen wollten. Ihr Kind lassen Sie bei den Besuchen im Büro am besten zu Hause. Wenn Sie weiter beruflich erfolgreich sein möchten, kann es sich nicht früh genug an Fremdbetreuung gewöhnen – und schließlich käme ja auch kein frisch gebackener Vater auf die Idee, ständig mit einem Säugling ins Büro zu kommen. Wenn Sie deswegen von kinderlieben Kolleginnen komisch angesehen werden: Das vergeht.

Geschäftsfrau statt Supermami
Sprechen Sie mit Ihren Kollegen in erster Linie über Berufliches. Zeigen Sie Ihr Interesse für firmeninterne Veränderungen, gehen Sie zu Veranstaltungen und Firmenfeiern, lassen Sie sich bei der Weihnachtsfeier sehen etc. Auch wenn Sie im Moment nicht jeden Tag auf Ihrem Bürostuhl sitzen – Sie gehören dazu, Sie sind Teil der Firma. Machen Sie durch Ihr Auftreten und in den Gesprächen mit Kollegen und Vorgesetzten immer wieder deutlich, dass Sie nur für eine vorübergehende Zeit nicht am Arbeitsplatz sind, danach aber wieder zur Verfügung stehen.

Engagieren Sie sich
Jeder soll merken, dass Sie gedanklich am Ball bleiben, dass Sie sich dafür interessieren, was innerhalb des Betriebs passiert oder was sich verändert. Sie wollen den freundschaftlich-kollegialen Kontakt zu den Kollegen nicht einschlafen lassen und Ihrem Chef zeigen, dass Sie weiter ganz bei der Sache sind. Sie halten

Die Babypause richtig nutzen

sich in Ihrer Abteilung auf dem Laufenden. Sie möchten mitbekommen, wenn ein neues Computersystem eingeführt wird oder sich sonst etwas Wichtiges in den Arbeitsabläufen geändert hat. Unsere Zeit und vor allem die Technik ist schnelllebig, und Sie tun gut daran am Ball zu bleiben. Suchen Sie bei Ihren Besuchen im Büro durchaus auch nach Ansatzpunkten, wie Sie von zu Hause aus unterstützend mitwirken können.

Eine gute Möglichkeit, um sich während der Babypause mit Nachdruck zurückzumelden, ist die Übernahme von Krankheits- und Urlaubsvertretungen. Dabei können Sie auch gleich testen, ob Ihr Kinderbetreuungs-Konzept schon entsprechend ausgereift ist.

Seien Sie gewiss: Wenn Sie vor der Schwangerschaft eine wertvolle Mitarbeiterin waren und sich während Ihrer Mutterschutz-, bzw. Elternzeit entsprechend verkaufen, stehen Ihnen bei Ihrer Rückkehr weiterhin alle Türen offen – denn Sie haben darauf geachtet, dass keine davon ins Schloss fällt.

Wer sich bildet, siegt!

Carpe diem

Vielleicht hatten Sie sich schon vor der Schwangerschaft oft vorgenommen, die eine oder andere sinnvolle Maßnahme zur Weiterbildung endlich in die Tat umzusetzen. Der zeitlich knapp bemessene Urlaub war Ihnen immer zu wertvoll und abends waren Sie zu kaputt, um noch Kurse außer Haus zu besuchen. Sich am Wochenende an den Computer zu setzen, um ein neues Programm zu lernen, das klappte irgendwie auch nie so recht.

Jetzt, während der Babypause oder Elternzeit, haben Sie keine Ausrede mehr – ein gewisser Reiz ist sicherlich auch dabei, dem Klischee zu widersprechen, dass Hochschwangere und frisch gebackene Mütter nichts anderes mehr im Kopf haben als Ihr Baby.

Und wenn Ihre Pause länger andauert als der gesetzlich vorgeschriebene Mutterschutz, dann haben sie noch eine weitere Trumpfkarte in der Hand: Wenn Sie die Kinderbetreuung entsprechend organisieren, haben Sie jetzt endlich ausreichend Zeit für langfristige Weiterbildungsmaßnahmen.

weiterbildung

✔ Erstellen Sie eine Liste darüber, was Sie beruflich am meisten voranbringt.

✔ Sind Lücken in Ihrem Fachwissen zu füllen?

✔ Wie steht es um Ihre Sprachkenntnisse?

✔ Wie sieht es mit dem Internet und den neuesten Computerprogrammen aus?

✔ Fehlt Ihnen ein bestimmter Abschluss für Ihre Karriere?

✔ Gibt es für Sie passende Fernkurse?

✔ Welche Weiterbildungsmöglichkeiten gibt es in Ihrer Nähe?

Fortbildung ist überlebenswichtig

Stellen Sie sich vor, Ihr erstes Kind wäre vor 15 Jahren geboren und Sie hätten seitdem beruflich pausiert. Stellen Sie sich außerdem vor, Sie hätten sich während dieser Zeit auch nie um Ihre eigene berufliche Weiterbildung gekümmert – dann lebten Sie heute sozusagen in der professionellen Steinzeit!

Tatsache ist: Schreibmaschine, Tipp-Ex-Korrekturen und vier Durchschläge für die Ablage sind out. Von Computern, Internet und Intranet hätten Sie ebenso wenig Ahnung wie von modernen Telefonanlagen.

Wer lange ausgesetzt hat und trotzdem noch einmal den Anschluss finden will, kann sich bei den Industrie- und Handelskammern, den Frauennetzwerken sowie den Gleichstellungsbeauftragten der Landesregierungen, der Städte und Gemeinden über Weiterbildungsangebote informieren.

Zeigen Sie Eigeninitiative

Solche Szenarien machen deutlich, wo die Gefahren liegen: Wenn Sie bei Ihren Besuchen im Büro von Neuerungen erfahren, dann haken Sie nach und versuchen Sie, an alle wichtigen Informationen möglichst aus erster Hand heranzukommen. Bitten Sie auch darum, dass man Sie trotz Ihrer Auszeit zu wichtigen firmeninternen Weiterbildungsmaßnahmen einlädt.

Auch ein Fernstudium, länger andauernde Kurse oder ein umfangreicheres Weiterbildungsprogramm auf CD-ROM können Sie jetzt bewältigen und gleich zwei Fliegen mit einer Klappe schlagen: Abwechslung vom Babyalltag und einen Karrierevorteil. Vielleicht belegen Sie aber auch ganz einfach einen Schreibmaschinenkurs. Sie glauben gar nicht, wie hilfreich das schnelle Tippen auf dem PC auch in Führungspositionen ist!

With a little help ...

Viele Arbeitgeber sind gern bereit, Ihnen die Kurse zu finanzieren. Falls Ihrer es ablehnt, erkundigen Sie sich bei Ihrem Arbeitsamt. Hier erhalten Sie auch umfassende Informationen über Weiterbildungs- und Umschulungsmöglichkeiten.

Im Übrigen sollten Sie auch zu Hause damit fortfahren, wichtige Fachliteratur zu studieren und sich so auf dem Laufenden zu halten. Es gibt viele Möglichkeiten, am Ball zu bleiben, man muss sie nur nutzen!

förderung

Chancen, vom Arbeitsamt gefördert zu werden, haben Sie ...

... wenn Sie innerhalb der letzten zwei Jahre mindestens ein Jahr ausgesetzt haben, um Kinder unter 15 Jahren zu erziehen.

... wenn der von Ihnen angepeilte Kurs vom Arbeitsamt als Weiterbildungsmaßnahme anerkannt wird.

... wenn der Kurs Ihre Chancen auf dem Arbeitsmarkt erhöht.

Die Babypause richtig nutzen

> **check-
> liste**
>
> **Wie gut ist Ihr Fernunterricht?**
>
> ✓ Testen Sie den Fernunterricht mit Probelehrbriefen.
> ✓ Vergleichen Sie die Anbieter.
> ✓ Steht ausreichend Lernmaterial zur Verfügung?
> ✓ Werden Ihre Hausaufgaben zügig korrigiert?
> ✓ Gibt es eine Hotline für dringende Fragen?
> ✓ Sind Treffen von Teilnehmern und Lehrern vorgesehen?
> ✓ Sind diese Treffpunkte für Sie gut zu erreichen?
> ✓ Können Sie während des Kurses kündigen und aussteigen?
> ✓ Gibt es im Vertrag ein Widerrufsrecht?
> ✓ Wie steht es um die Kündigungsfristen?

Arbeiten Sie an sich

Gerade Frauen haben manchmal Probleme mit der Selbstdarstellung. Und selbst wenn sie um ihre vielen Talente wissen, tun sie sich oftmals schwer, diese Stärken auch zu nutzen. Noch schwerer fällt es ihnen, sich mit all ihren Fähigkeiten zu präsentieren. Lieber im Hintergrund die Fäden ziehen als auf der Bühne stehen. Kommt Ihnen das bekannt vor?
Wie steht es um Ihre Konfliktbereitschaft oder um Ihre Entscheidungsfreudigkeit? Sie können sich immer so durchsetzen, wie Sie gern möchten? Und wie steht es um Ihr Selbstvertrauen? Wünschen Sie sich mehr davon? Besuchen Sie Seminare und Trainings zum Thema Rhetorik oder Verhandlungsführung. Ihre Fähigkeit zur positiven Selbstdarstellung wird wachsen, wenn Sie sich informiert, kompetent und sicher fühlen. Das hilft Ihnen, nach der Babypause selbstsicherer und überzeugend aufzutreten.

Mens sana in corpore sano

Ein zusätzlicher Aspekt ist Ihre körperliche Gesundung nach Schwangerschaft und Geburt. Ihr Baby flotten Schrittes im Kinderwagen durch den Park zu schieben ist gut. Wer sein schreiendes Kind jedoch stundenlang auf dem Arm herumschleppt, kann schneller als gedacht Rückenprobleme bekommen.
Sorgen Sie deshalb dafür, dass auch Ihr Körper wieder in Form kommt – wer körperlich fit ist, kann die Belastungen des Alltags leichter wegstecken und fühlt sich einfach besser. Stellen Sie sich Ihr persönliches Trainingsprogramm zusammen – am besten greifen Sie auf die Hilfe von Fitness- und Wellness-Profis zurück. Wieder in Form zu kommen kostet zwar zusätzliche Zeit, schafft aber neue Energien und macht den Kopf frei für Gedanken um Weiterbildung und Wiedereinstieg. Viele Fitness-Clubs bieten spezielle Kurse mit Kinderbetreuung an; nutzen Sie diese Möglichkeiten und gönnen Sie sich etwas Gutes.

Kurz vor dem Wiedereinstieg …

Sie haben die Zeit der täglichen Zwei- und Dreisamkeit mit Kind und Mann genossen, doch nun läuft der Countdown für Ihren Neustart im Job. Jetzt heißt es sich gut vorzubereiten und nichts dem Zufall zu überlassen.

Der passende Look fürs Büro
Natürlich werden Sie auch noch Zeit zum Einkaufen finden, nachdem Sie wieder ins Büro zurückgekehrt sind. Aber stundenlange gemütliche Bummel mit anschließendem Besuch beim Japaner ohne Blick auf die Uhr werden eher seltener. Also ziehen Sie jetzt los, genießen Sie die Zeit der relativ freien Zeiteinteilung und blicken Sie dennoch, so weit es geht, in die Zukunft.
Brauchen Sie neue Business-Outfits? Dann gehen Sie jetzt in Ruhe stöbern und kaufen Sie sich die passenden Sachen fürs Büro. Auch wenn Sie gerade romantisch verspielte Kleider lieben, für Ihren neuen Bürostart sollten Sie lieber zum sachlichen Kostüm oder Hosenanzug zurückkehren. Alles, was das Image »hauptberufliche Mutter auf dem Weg ins Büro« unterstreichen könnte, muss im Schrank bleiben – Ihre Familie und Sie in Ihrer neuen Rolle als Mutter spielen im Büro allenfalls die zweite Geige.

Tägliches auf Vorrat oder Online
Neben der Versorgung mit professioneller Garderobe gibt es in Zukunft noch andere »Probleme«, die sich leicht aus dem Weg räumen lassen. Kaufen Sie ab sofort gezielt, überlegt und planvoll ein, wobei Vorratshaltung das Zauberwort ist. Sie können zum Beispiel davon ausgehen, dass Ihr Sprössling noch sehr lange Windeln braucht – legen Sie sich deshalb – natürlich nur wenn Sie Platz haben – einen Vorrat in verschiedenen Größen an. Das gleiche gilt für Pulvermilch, Babygläschen etc. Sie brauchen all diese Dinge täglich, und nichts ist mühsamer, als nach einem anstrengenden Arbeitstag herumzuhetzen und auch noch in der Feierabendschlange des Drogeriemarktes zu stehen!
Eine weitere wunderbare Möglichkeit sind auch die Online-Bestelldienste, die einige Filialketten anbieten. Mit deren Hilfe können Sie sich den unangenehmen Einkaufsstress und nebenbei auch noch die Schlepperei ersparen.

Kinderkleidung aus dem Katalog
Auch Kinderkleidung werden Sie regelmäßig brauchen. Leider ist hier der Vorratseinkauf nicht so leicht wie bei Windeln oder Pflegeprodukten. Die Knirpse wachsen, aber nie genau nach Plan, die Kleidergröße des nächsten Winters ist nicht unbedingt absehbar. Es gibt inzwischen jedoch einige Anbieter, die wunderschöne, qualitativ hochwertige Kinderkleidung im Katalogversand oder online anbieten. Legen Sie sich einen kleinen Vorrat an Katalogen zu und lassen Sie sich auf die Mailing-Listen setzen. So haben Sie auch in stressigen Zeiten die Möglichkeit, die Basics für Ihr Kind problemlos und Zeit sparend zu besorgen. Denn wenn es kalt wird, braucht Ihr Kind möglichst schnell passende Strumpfhosen und Handschuhe und nicht erst in zwei Wochen, wenn die Einkaufstour in Ihren Ter-

Die Babypause richtig nutzen

minplan passen würde. Dafür können Sie sich beim nächsten Kinder-Shopping in aller Ruhe den »schönen Dingen« widmen!

In Ruhe stöbern

Manchmal ist es einfach unerlässlich, Dinge persönlich auszusuchen. Es macht ja auch Spaß, herumzustöbern und neue Läden zu entdecken. Wenn Sie Ihre alte Kleidergröße nach der Schwangerschaft noch nicht wieder erreicht haben oder wenn Sie einfach Lust auf neue Sachen verspüren, sollten Sie jetzt in aller Ruhe einkaufen gehen. Für zu Hause sollten Sie pflegeleichter Kleidung den Vorzug geben, die nicht nach jeder Wäsche mit großem Zeitaufwand gebügelt oder gar in die Reinigung gebracht werden muss.

Bereiten Sie sich auch mental vor

Egal wie lange Ihre Babypause dauert, wenn sie aufs Ende zugeht, ist es Zeit, Resümee zu ziehen über diesen Lebensabschnitt. Sie haben Großartiges geleistet, aktiv und passiv. Auf jeden Fall haben Sie einem kleinen Menschen den Start ins Leben ermöglicht und ihn von Anfang an auf seinen ersten Schritten rund um die Uhr begleitet.

Viel gelernt

Sie haben Ihre persönlichen Wünsche und Bedürfnisse besonders in der ersten Zeit als Mutter weitgehend zurückgestellt, sich ganz in ein fremdes Wesen hineingedacht und gelernt zu spüren, welche Bedürfnisse es hat. Sie haben sensibel auf kleine Hinweise geachtet und reagiert. Sie haben Flexibilität und das Delegieren geübt. Sie haben gelernt, Prioritäten zu setzen, mehrere Dinge gleichzeitig zu tun und ökonomisch zu arbeiten. Sie haben gelobt und motiviert, Sie haben Aufgaben im Familienalltag auf mehrere Schultern verteilt und Krisen bewältigt. Und nicht zuletzt haben Sie pädagogische Kompetenzen erworben. Auf all das können Sie sehr stolz sein! Machen Sie sich bewusst, dass Sie stärker geworden sind in dieser Zeit und dass Sie diese neu gewonnene Stärke auch im Büro umsetzen und nutzen können. Viele der zu Hause erworbenen Kompetenzen sind genau die typisch weiblichen Führungsqualitäten, die heute immer mehr gefordert sind.

Think positive!

Lassen Sie sich nicht von Miesepetern beeinflussen, sondern suchen Sie Kontakt zu Freunden, bei denen alles rund läuft. Denn sicherlich haben Sie dieses Phänomen auch schon erlebt: Optimismus wirkt ansteckend.

> **! tipp**
>
> Legen Sie sich einen Vorrat an kleinen Geschenken und Mitbringseln für Groß und Klein an. Das erspart Extra-Touren, wenn die Einladung spontan und die Zeit mal wieder knapp ist.

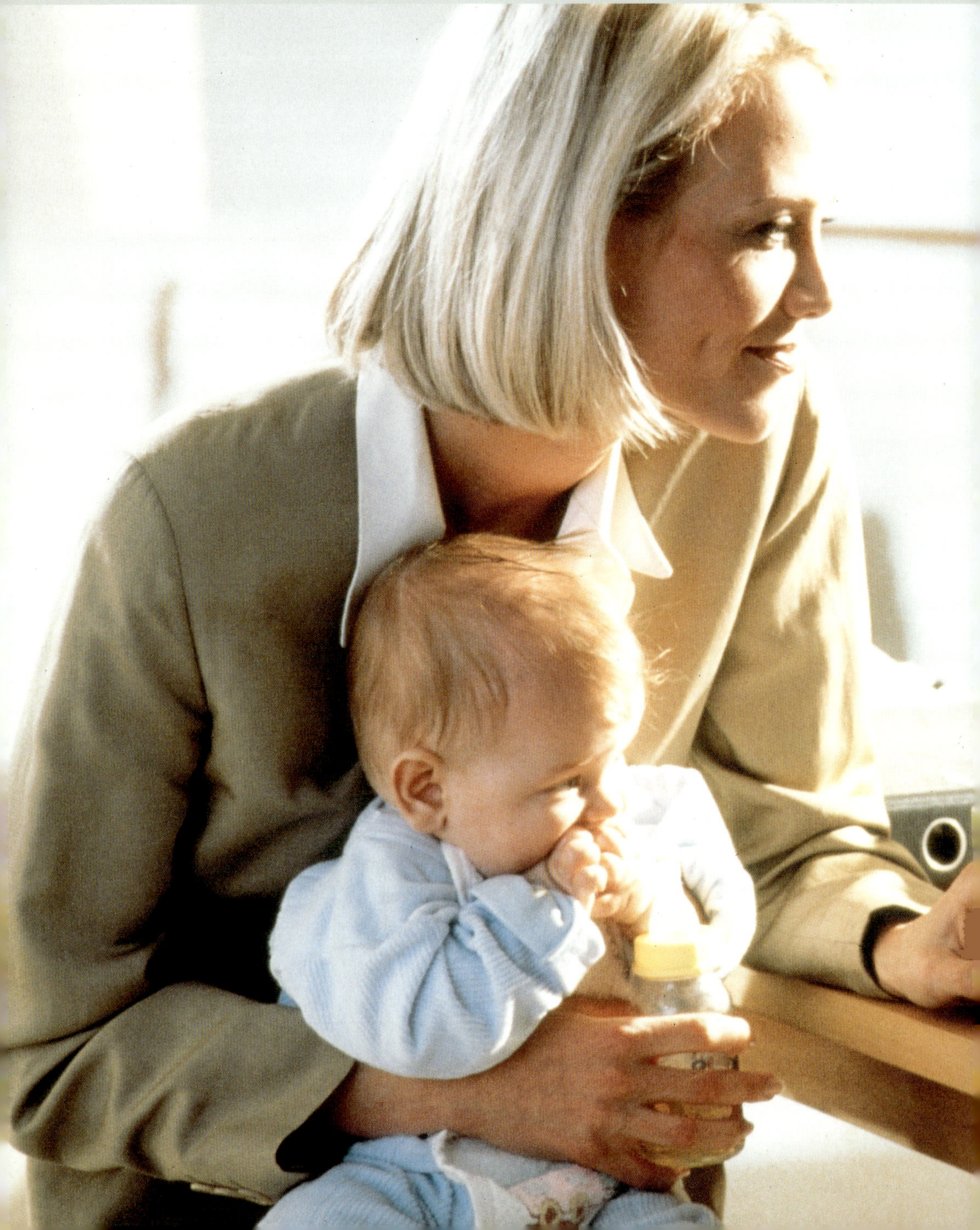

Zurück am Arbeitsplatz

Sie haben sich in der Elternzeit fit und beruflich auf dem Laufenden gehalten. Nun, zurück im Job, müssen Sie einiges anders machen als vorher. Setzen Sie sich und anderen Grenzen. Lernen Sie zu delegieren. Und pflegen Sie guten Umgang mit den Kollegen, damit Sie sich im Büro schnell wieder »zu Hause« fühlen.

interview

> In den ersten Wochen nach der Babypause wollte ich als Supermami den Job supergut machen. Dabei habe ich mich fast übernommen.
> Ich habe erst langsam kapiert, dass ich durch delegieren zu Hause und im Job nicht nur Zeit sondern auch Energie sparen kann. Auch wenn das wieder zusätzliche Zeit kostet: der gute Kontakt zu meinen Kollegen ist mir nach wie vor sehr wichtig. Deshalb investiere ich hier einen Teil meiner kostbaren Freizeit, wie vor dem Baby auch.

DIE RÜCKKEHR

Jetzt ist er da, heiß ersehnt und doch gefürchtet: der erste Tag nach Ihrer Babypause. Sie sind inhaltlich gut vorbereitet und haben heute besonderen Wert auf Ihre Kleidung gelegt. Ihr Kind ist gut untergebracht. Jetzt gilt es eigentlich nur noch, in Gedanken den Hebel umzulegen und von »mit Kind zu Hause« auf »Job und Büro« umzuschalten. Je besser und schneller Ihnen das gelingt, umso leichter können Sie den Anforderungen in beiden Welten gerecht werden. Vielleicht hilft Ihnen ja folgendes Bild: Sehen Sie den Weg zwischen Büro und Zuhause als eine Art Wandelgang, auf dem Sie morgens von Familie auf Beruf umschalten und abends von Beruf auf Familie, auf dem Sie ganz bewusst die eine Welt verlassen, um komplett in die andere einzutauchen. Wenn Sie in der jeweils anderen angekommen sind, sollten Sie absolut vollständig bei der Sache sein.

Die Rückkehr

Der neue Umgang mit dem Chef

Was haben Sie erwartet? Dass Sie zurückkommen und alles wie früher ist? Oder dass Sie zurückkommen und alles ganz anders ist, weil Sie nun »nebenberuflich« auch noch Mutter sind? Wahrscheinlich wird ein bisschen von beidem eintreten, denn Sie kennen den Job schon lange. Auf der anderen Seite waren Sie während der Babypause Vollzeit- und Vollblut-Mutter. Sie haben sich verändert – kein Wunder also, dass beim Umgang mit dem Chef und den Kollegen vielleicht auch nicht alles beim Alten geblieben ist.

Übrigens entscheidet bei Ihrem Neustart vor allem der Eindruck der ersten Tage – legen Sie sich deshalb gerade jetzt in jeder Hinsicht ins Zeug und lassen Sie die Mutter zu Hause.

Neue Qualitäten

Unser erster Tipp: Seien Sie selbstbewusst! Viele Frauen sind Ihrem Chef geradezu dankbar, dass sie nach der Babypause wieder ins Berufsleben zurückkehren können. Vergessen Sie diesen Gedanken. Sie gehen lediglich dorthin zurück, wo Sie hingehören, nämlich an Ihren alten Arbeitsplatz.

Beweisen Sie Ihrem Chef, dass Sie während der Pause dazugelernt haben und auf vielen Gebieten sogar noch besser geworden sind. Lassen Sie Ihren Chef spüren, dass auch mit Kind auf Sie Verlass ist. Er muss sicher sein, dass Sie den Haushalt und vor allem die Kinderbetreuung gut organisiert und delegiert haben. Konzentrieren Sie sich ganz auf Ihren Job, wenn Sie im Büro sind, und ganz auf Kind und Familie, wenn Sie zu Hause sind. In diesem Fall konnte Ihrem Chef gar nichts Besseres als Ihre Rückkehr passieren.

Sie wollen, dass Ihr Chef Sie wieder voll als Arbeitskraft akzeptiert – das heißt aber auch, dass Sie akzeptieren, dass Sie für Ihren Chef in erster Linie eine wertvolle Mitarbeiterin und erst in zweiter Linie Mutter sind.

Prioritäten im Wandel

Während Ihrer Babypause haben Sie sich immer vorgestellt, dass sich am alten Arbeitsplatz in der kurzen Zeit nicht viel getan haben wird. Und jetzt? Jetzt ist alles anders. Mit Sicherheit sind es nicht nur die Veränderungen im Büro, die ins Gewicht fallen. Nach der Geburt Ihres Kindes hat sich Ihre Weltsicht geändert: Jetzt sind ganz andere Dinge als früher wichtig für Sie. Wie fast alle berufstätigen Frauen ohne Kinder hatten Sie vermutlich eine sehr hohe – auch emotionale – Identifikation mit Ihrem Job. Die Arbeit füllte den größten Teil des Tages aus und bestimmte die Gedankenwelt auch nach Feierabend und in Gesprächen mit Freunden und dem Partner ganz maßgeblich. Jetzt gibt es einen neuen Dreh- und Angelpunkt in Ihrem Leben – und der ist gut versorgt zu Hause, bei der Tagesmutter oder in der Krippe.

Ihre Arbeit im Büro füllt weiterhin Ihren Tag aus, doch auf Ihrer persönlichen Prioritätenliste ist der Job um einige Plätze nach hinten gerutscht. Lassen Sie sich gesagt sein: Das ist alles ganz natürlich, doch Ihr Chef ist auch nicht dumm und ahnt das. Lassen Sie sich deshalb im Büro nicht anmerken, dass sich Ihre Prioritäten verschoben haben!

Die »zweite Probezeit«

Als zurückgekehrte Mutter stehen Sie jetzt sozusagen in Ihrer zweiten Probezeit und werden von allen Seiten kritisch beobachtet. Wenn Sie früher einmal fünf Minuten später ins Büro kamen, hat das vermutlich niemanden sonderlich interessiert, so lange Sie Ihre Ziele zuverlässig erreicht haben.

Achten Sie jetzt aber bitte auf genaueste Einhaltung aller Termine. Seien Sie pünktlich wie nie zuvor. Ganz schnell schleichen sich sonst bei Vorgesetzten und Mitarbeitern Gedanken ein wie: »Offensichtlich schafft Sie es morgens nicht rechtzeitig mit dem Kind, sie scheint schlecht organisiert zu sein« und Ähnliches. Für wichtige, nicht delegierbare Kinderarzttermine, wie Kindergarten- oder Schuleinschreibung, nehmen Sie sich am besten einen halben Tag Urlaub. Betonen Sie in diesen Fällen aber nicht ständig, aus welchem Grund Sie heute wieder Urlaub nehmen müssen. Jeder im Team weiß, dass Sie auch Mutter sind, und Ihr Chef befürchtet wahrscheinlich ohnehin schon, dass Sie beide Aufgaben nicht parallel bewältigen können. Also: Egal wie trotzig Ihr Kind heute morgen war, wie ungern es im Kindergarten bleiben wollte, wie sehr Sie sich beeilen mussten, um noch pünktlich zu sein: Sobald Sie im Büro angekommen sind, versuchen Sie bitte so entspannt wie möglich zu wirken.

Nur nichts anmerken lassen

Lassen Sie auch in der täglichen Bürokommunikation Privates zu Hause: Wenn Sie Ihrem Chef – ohne viele Hintergedanken – von einer beginnenden Grippe Ihres Sprösslings erzählen, denkt er vielleicht nur daran, dass Sie jetzt bald einen der Ihnen zustehenden Tage frei nehmen wollen. Unter Umständen sieht und honoriert er gar nicht, dass Sie die Versorgung Ihres kranken Kindes heute perfekt organisiert haben, ganz normal zur Arbeit erschienen sind und es Ihnen wahrscheinlich fürchterlich schwer gefallen ist, Ihr Baby nicht selbst zu versorgen.

Der neue Umgang mit dem Chef sollte möglichst so sein wie vor der Geburt Ihres Kindes. Mutterfreuden und -sorgen lassen Sie am besten ebenso zu Hause wie die private Fotogalerie auf dem Schreibtisch. Am Arbeitsplatz sind Sie weiterhin absolut professionell und widerlegen damit die gängige Meinung von Chefs über berufstätige Mütter.

»Ist sie noch so gut wie früher?« – Beweisen Sie, dass Sie noch besser geworden sind.

Die Rückkehr

Ich bin so gut wie nie zuvor

Werden Sie sich Ihrer neu gewonnenen Stärken und Kompetenzen bewusst! Sie haben während der Zeit der Babypause zu Hause Familienarbeit geleistet und dadurch Qualifikationen erworben, die Sie auch im Job nutzen und einsetzen können.
Sie sind belastbar und fit, weil Sie sich auf die Herausforderung freuen. Sie lieben das Zusammensein mit Ihrem Kind, Sie lieben aber auch die Tatsache, dass Sie Ihren Kopf nach wie vor auch anders gebrauchen können. Und Sie haben den ersten Schritt zum Erfolg ja bereits hinter sich, weil Sie Ihr Kind gut untergebracht haben. Sie wissen, dass es in Ihrer Abwesenheit bestens versorgt und sehr zufrieden ist. Jetzt gilt es, mit Ihren Kräften richtig hauszuhalten, Beruf, Familie und sich selbst in gesundem Einklang zu halten.

Ihre neuen Kompetenzen

Sie dachten immer, dass das Zusammenleben und die tägliche Organisation mit einem Kind keine allzu große Herausforderung sei und Sie während der Babypause fürs Berufsleben erst einmal nichts mehr dazulernen würden? Weit gefehlt. Das Zusammenleben mit einem kleinen Kind ermöglicht es uns Erwachsenen, die Welt aus einer völlig neuen Perspektive zu betrachten – und dabei dazuzulernen.
→ Neue **Kreativität** ist durch das Zusammenleben mit Ihrem Kind in Ihnen geweckt worden – wer kann schon nein sagen, wenn es ums Erfinden neuer Geschichten und Spiele geht. Und eben diese wird heute als einer der größten Erfolgsfaktoren im Beruf gewertet.

→ wofür ...

Sie arbeiten jetzt nicht mehr nur sich selbst und Ihrer Karriere zuliebe, sondern auch für Ihr Kind. Sie wollen ihm finanzielle Sicherheit bieten, Sie wollen seine Wünsche erfüllen können und ihm eine gute Ausbildung ermöglichen. Sie wollen mit ihm und der ganzen Familie schöne Urlaubsreisen unternehmen und nicht zuletzt wollen Sie jetzt auch die bestmögliche Betreuung für Ihr Kind. All das kostet eine Menge Geld, bedeutet aber auch einen enormen Anreiz. Dafür lohnt es sich, gut im Job zu sein, Erfolg zu haben und Karriere zu machen.

→ Ihr **Improvisationstalent** müssen Sie bei der Koordination von Familie, Beruf und Haushalt immer wieder und jeden Tag aufs Neue unter Beweis stellen.
→ **Flexibilität** ist im Familienleben angesagt! Gerade mit Kindern erleben Sie täglich, dass sich Situationen sehr schnell ändern können, worauf Sie dann wiederum extrem schnell reagieren müssen.
→ Ohne **Entscheidungsstärke** kämen Sie wahrscheinlich keinen Tag durchs Familienleben. Ständig sind irgendwelche Dinge zu entscheiden, über die Sie sich vorher vielleicht noch nie Gedanken gemacht haben und die schnelle, punktgenaue Lösungen erfordern.

Training am »Projekt Baby«

Während Ihrer Elternzeit zu Hause haben Sie vieles gelernt. Wer meint, dass die Zeit zu Hause mit Kind ausschließlich der reinste Baby-Honeymoon sei, irrt sich. Gerade in der ersten Zeit ist eine Menge an Arbeit und Organisation zu bewältigen. So gesehen ist ein neuer Erdenbürger auch ein Großprojekt: Zeitpläne müssen erstellt und eingehalten werden; wenn man selbst verhindert ist, muss eine qualifizierte Vertretung her; alle Arbeitsutensilien (Windeln, Milch etc.) müssen immer und zuverlässig in ausreichender Menge vorhanden sein. Es ist keine Übertreibung zu sagen, dass Sie als Mutter immer zu 100 Prozent funktionieren müssen und Ihre Zeiteinteilung ebenfalls perfekt sein muss. Wenn man es genau nimmt, haben Sie eine interne Weiterbildung in Sachen Organisation absolviert, kombiniert mit einem Seminar in Chaosbewältigung unter Stress!

Was du heute kannst besorgen ...

Auch wenn Sie früher eher zu der weit verbreiteten Spezies der »Auf-die-letzte-Minute-Stress-Arbeiter« gehört haben, sollten Sie Ihre Power jetzt von der ersten Minute an in Ihren Arbeitstag packen. Denn eines haben Sie in Ihrer Zeit zu Hause gelernt: Ist ein wichtiges Telefonat zu führen und das Baby schläft gerade, dann sollte man dies sofort erledigen, denn der nächste Hunger kommt bestimmt. Am Arbeitsplatz ist das – im übertragenen Sinne – nicht anders, schließlich wollen Sie am Ende des Arbeitstages alle wichtigen Dinge vom Tisch haben und mit gutem Gewissen rechtzeitig Ihr Büro verlassen.

Ins Büro zur Entspannung?!

Sie arbeiten zwar gern, doch die Zeit mit Ihrem Kind ist Ihnen natürlich ganz besonders wertvoll. Und wenn Sie schon auf so viel Familienzeit verzichten, wollen Sie Ihre Arbeitszeit auch effizient nutzen und gehen mit entsprechender Energie an die Dinge heran. Das Schöne dabei ist: auch der anstrengendste Job stellt oft eine willkommene, ja manchmal sogar erholsame Abwechslung zum reinen Muttersein dar. Der Mega-Stress im Büro ist eben ein Stress anderer Art. Genießen Sie es, das eigene Zeitmanagement im Griff zu haben und nicht nur durch die Bedürfnisse der Kinder fremdbestimmt zu sein: Einen Kunden kann man durchaus einmal fünf Minuten warten lassen. Ein Kind, das im dritten Stock – bei offenem Fenster – auf der Fensterbank herumturnt, nicht.

fazit

Ihre tägliches Zeitmanagement-Training, Ihre neuen Prioritäten und Erfahrungen in Sachen Organisation lassen Sie effizienter arbeiten als je zuvor. Ihre Zeit ist insgesamt knapper geworden, was Sie zu einer noch effektiveren Nutzung der Arbeitszeit zwingt.

Die Rückkehr 45

Überstunden ja – aber bitte nach Plan

Als arbeitende Mutter ist Ihre Zeit fast immer knapp bemessen, da nach Büroschluss die Kinder darauf warten, von Ihnen abgeholt zu werden oder Sie nun endlich mit Beschlag zu belegen. Und natürlich freuen auch Sie sich auf den restlichen Tag mit Ihrer Familie. Auf der anderen Seite kursiert ein Mythos, der sich hartnäckig in unseren Köpfen hält: Wer auf der Karriereleiter weiter nach oben kommen will, sollte im Büro am besten rund um die Uhr anwesend und permanent erreichbar sein und jede Menge Überstunden ableisten. Aber ist das wirklich notwendig? Schließlich sind Sie auch während Ihrer Meetings oder auf Geschäftsreise nicht permanent ansprechbar. Und dennoch funktioniert das Team, und die Arbeit wird erledigt. Unser Tipp: Organisieren Sie Ihren Tag straff, aber nicht unmenschlich! Und dazu gehört eben auch das vorhersehbare Ende eines solchen Tages.

Mehr Arbeit = mehr Organisation

Natürlich gibt es bei jedem Projekt, egal in welcher Berufssparte, immer wieder Phasen, in denen die Zeit drängt und alle verfügbaren Kräfte Hand in Hand arbeiten müssen, um Termine einzuhalten. Sie können bei Kollegen und Vorgesetzten nicht unbegrenzt auf Verständnis stoßen, wenn Sie sich in solchen Zeiten regelmäßig früher als die anderen aus dem Arbeitsprozess ausklinken.
Wenn Sie ehrlich sind, waren vor der Babypause Überstunden kein großes Problem. Sie mussten damals nur Ihre privaten Termine

Mit Effizienz und guter Organisation lassen sich Job und Kind gut unter einen Hut bringen.

mit den beruflichen und vielleicht noch mit denen Ihres Partners abstimmen. Ihre neue Doppelrolle zwingt Sie jetzt aber dazu, die Termine und Verabredungen außerhalb des Büros strikt einzuhalten.
An erster Stelle steht natürlich die Betreuung ihres Kindes während der Arbeitszeiten. Doch die Kinderkrippe hat feste Öffnungszeiten, die Sie akzeptiert haben und nach denen Sie sich richten müssen. Und kaum eine Tagesmutter hat die Möglichkeit, jederzeit auf Ihre zusätzlichen zeitlichen Betreuungswünsche zu reagieren. Möglicherweise passt es und Sie können sich mit Ihrem Partner absprechen. Doch wenn es nicht anders geht, müssen Sie Ihr Kind selbst abholen, egal wie viel Arbeit noch unerledigt ist.

anti-stress-tipps

Für Sie als berufstätige Mutter ist es wichtig, jetzt noch besser mit Timer und Kalender umzugehen. Legen Sie Meetings mit unklarem Ende nicht auf den späten Nachmittag, sonst müssen Sie mitten im wichtigsten Tagesordnungspunkt unterbrechen, um Ihr Kind irgendwo abzuholen. Oder aber Sie müssen sich erst einmal ans Telefon hängen, um eine Ersatzbetreuung zu organisieren. Unter solchen Umständen fällt es schwer, konzentriert zu arbeiten, und am Ende sind alle unzufrieden. Heben Sie sich für die letzte Zeit vor Arbeitsschluss lieber Aufgaben auf, die Sie jederzeit unterbrechen können, ohne dass irgendein Schaden entsteht.

Anmeldung dringend erforderlich!

Das Problem bei ungeplanten Überstunden ist, dass Ihr wunderbar ausgeklügeltes Tageskonzept in kürzester Zeit über den Haufen geworfen wird: Die Kinderkrippe schließt spätestens um 18 Uhr, die Kinderfrau wollte heute Abend endlich einmal pünktlich gehen, Ihr Aupair muss zum Sprachkurs und Ihr Partner ist wieder einmal auf Geschäftsreise. Oder Sie haben den Kindern heute Morgen versprochen, garantiert für eine ausführliche Vorlesestunde rechtzeitig zu Hause zu sein. Und ausgerechnet dann kommt Ihr Chef mit einer höchst dringenden Sache für morgen und seinem »Das schaffen Sie doch noch, oder?«-Gesichtsausdruck. Wenn die Betreuungslage zu Hause besser aussieht als eben beschrieben und Sie den Kindern nichts versprochen haben – kein Problem. Machen Sie Ihrem Chef klar, dass Sie sehr gerne bereit sind, Überstunden zu machen. Aber bitten Sie darum, diesen Bedarf in Zukunft – wenn möglich – frühzeitig anzumelden.

Hinzu kommt, dass viele Überstunden erst gar nicht nötig wären, wenn vorab besser geplant und organisiert würde. Doch wenn dringend abzuarbeitende Listen erst einmal tagelang unter Stapeln auf dem Chefschreibtisch schlummern, muss am Ende oft einmal jemand eine Nachtschicht einlegen, um die Fristen dann doch noch einzuhalten.

Überstunden »außer Haus«

Vielleicht können Sie einen Teil der dringenden Arbeit mit nach Hause nehmen und erledigen, nachdem die Kinder im Bett sind. Dann haben Sie Ihrem Chef gegenüber ein besseres Gewissen und müssen gleichzeitig Ihre Kinder nicht enttäuschen. Wenn das nicht geht und Ihr Arbeitsplatz nicht zu weit von Ihrem Wohnort entfernt ist, können Sie nach Hause fahren und nach der Gute-Nacht-Geschichte ins Büro zurückkehren. Den Schlaf Ihrer Kinder kann dann ein Babysitter oder – via Babyfon – eine Nachbarin überwachen.

Heute leider nicht!

Wenn sich die Überstunden trotz des guten Willens Ihrerseits nicht organisieren lassen, dann scheuen Sie sich nicht, dem Chef die

Die Rückkehr

eingeforderten Überstunden auch hin und wieder einmal auszuschlagen. Wahrscheinlich haben Sie ihm gegenüber nur deshalb ein schlechtes Gewissen, weil Ihnen das Versprechen Ihren Kindern gegenüber, heute ganz ganz bestimmt eine Gute-Nacht-Geschichte zu lesen, kein ausreichend gewichtiger Grund für Ihre Absage zu sein scheint.

Was würden Sie tun, wenn Sie teure Premierenkarten für ein Opernfestspiel hätten? Die Ausgangslage wäre die Gleiche, aber Sie würden mit ganz anderer Vehemenz auf Ihrem Feierabend bestehen.

Vielleicht ist das arbeitszeitintensive Anliegen Ihres Chefs aber auch so wichtig, dass Sie die Vorstellung sausen lassen würden? Sehr wahrscheinlich nicht. Dann sollten Sie in punkto Kinder ebenso selbstbewusst sein.

Kindertermine sind wichtige Termine

Ihre Kinder halten es sehr gut aus, den ganzen Tag von Dritten versorgt zu werden. Wenn Sie auf Geschäftsreise sind oder mit Ihrem Partner ein Wochenende zu zweit verbringen, so ist das auch über mehrere Tage hinweg kein Problem. Aber die Sache sieht schon ganz anders aus, wenn die Kinder ausreichend Zeitgefühl haben und genau wissen, wann »heute Abend« oder »morgen« ist.

Von diesem Zeitpunkt an müssen Sie sich bemühen, zeitlich fixierte Verabredungen mit Ihren Kindern auch einzuhalten. Wenn Sie morgens wissen, dass der vor Ihnen liegende Arbeitstag viel Stress bringen wird, dann legen Sie sich nicht fest, wann genau Sie nach Hause kommen, und machen Sie Ihren Kindern keine Versprechungen, die Sie später wahrscheinlich nicht halten können.

Sie sind rechtzeitig zu Hause – die Kinder freuen sich.

> **tipp**
>
> Teilen Sie sich mit Ihrem Partner die Abende auf. Montags und mittwochs sind Sie rechtzeitig zu Hause, dienstags und donnerstags er und freitags Sie beide. So hat jeder von Ihnen an zwei Abenden der Woche Luft für Mehrarbeit.

Eigene Grenzen erkennen und setzen

Frisch gebackene beruflich erfolgreiche Mütter neigen dazu, allen andauernd beweisen zu wollen, dass sie jetzt genauso gut arbeiten wie vor der Babypause. Das ist in vielerlei Hinsicht auch notwendig und gut so. Aber bitte denken Sie auch an sich. Sie sind keine Maschine, die immer »funktioniert«. Sie sind neben Mutter, Partnerin und Arbeitnehmerin schließlich auch noch ein Mensch.

checkliste

Ist es wirklich notwendig, dass …

- ✔ … Sie jetzt als Mutter noch mehr arbeiten, nur um etwas zu beweisen?
- ✔ … Sie Ihre Kinder in der kurzen Zeit, die Sie sie abends um sich haben, mit Aktivitäten bombardieren, um die gemeinsame »Quality-Time« möglichst intensiv zu nutzen?
- ✔ … Sie mit Ihrer Familie jedes Wochenende unterwegs sind, anstatt gemütlich mit Gesellschaftsspielen und Büchern zu entspannen?
- ✔ … jede Ecke Ihrer Wohnung auf Hochglanz poliert ist?
- ✔ … Sie bei jeder anfallenden Zusatzarbeit im Büro »Hier!« schreien?

Jetzt erst recht!?

Sie müssen nicht doppelt oder dreifach so erfolgreich sein wie zuvor, nur um zu beweisen, dass Sie alles schaffen. Schießen Sie nicht übers Ziel hinaus. Bedenken Sie, dass Ihr Feierabend heute nicht wie früher mit einem Buch auf dem Sofa oder mit Freunden in einer Kneipe endet, sondern mit Familienvergnügen und -verpflichtungen ausgefüllt ist. Dasselbe gilt natürlich für die Wochenenden. Achten Sie auf sich, Ihre Zeit und Ihre innere Ausgeglichenheit. Setzen Sie sich Grenzen, sowohl im Beruf als auch im Privatleben. Überdenken Sie auch Ihren Anspruch auf Ihren eigenen Perfektionismus. Ist es wirklich nötig, dass die Wohnung jederzeit auf Hochglanz poliert ist? Können die Krümel unter dem Frühstückstisch nicht einmal liegen bleiben? Eine gewisse Lässigkeit im Alltag schafft Entspannung und macht den Weg frei zu mehr Lebensqualität.

Nicht übers Ziel hinausschießen

Im Job müssen Sie wahrscheinlich vor allem sich selbst Grenzen setzen. Zuerst einmal sollten Sie daran arbeiten zu erkennen, wo die Grenzen Ihrer eigenen Belastbarkeit liegen. Wie viel können Sie sich zumuten, ohne sich selbst zu überfordern? Niemandem ist gedient, wenn Sie bis zum Umfallen powern und dann zur allgemeinen Verwunderung mit »Burn-out-Syndrom« überraschend ausfallen. Verabschieden Sie sich von dem Anspruch, überall und immer perfekt zu sein, denn das schaffen weder Sie noch sonst irgendjemand. Dabei ist die Frage auch gar nicht so wichtig, ob Sie Eltern sind oder nicht. Wenn Sie Ihren

Job gut machen wollen, sollten Sie unbedingt Berufliches von Privatem trennen. Gestehen Sie sich ein und zu, dass Sie neben dem Engagement für Ihren Job auch noch ein Privatleben haben, das mindestens ebenso wichtig ist. Wenn es zu Hause gut läuft, wenn Sie sehen und spüren, dass es Ihren Kindern gut geht, dass sie zufrieden sind und sich gut entwickeln, so ist das eine bedeutsame Kraftquelle für Ihre Arbeit. Ebenso gilt das andersherum: Ein erfolgreich abgeschlossenes Projekt im Büro beflügelt Sie in vielerlei Hinsicht. Versuchen Sie deshalb, Erfolgserlebnisse deutlich wahrzunehmen – zu Hause und im Büro.

Nein-Sagen im Büro ...

Eine der vordringlichsten Aufgaben für berufstätige Eltern ist die Balance zu finden zwischen Arbeit/Beruf und dem, was dann noch vom Leben übrig bleibt.
In unserer schnelllebigen und hektischen Zeit ist dieses Gleichgewicht enorm wichtig, da niemand über unerschöpfliche Kraftreserven verfügt. Jeder muss seinen Weg finden, die Krafttanks wieder aufzufüllen. Vergessen Sie dabei nicht, immer wieder so voll zu tanken, dass Sie nicht ständig auf Reserve fahren. Wer ständig im roten Bereich fährt, riskiert, auf der Strecke liegen zu bleiben. Tatsächlich heißt das: Loten Sie aus, wie viel Arbeitspensum Sie schaffen, und lassen Sie, wenn es geht, auch ein bisschen Luft für Unvorhergesehenes.
Der nächste Schritt ist dann, sich von denen abzugrenzen, die zuviel von Ihnen verlangen. Besonders Frauen fällt es oft schwer »Nein« zu sagen. Sie lassen sich dementsprechend für zeitraubende und oftmals unwichtige Tätig-keiten einspannen. Sie werden in langwierige Gespräche über die privaten Probleme von Dritten verwickelt und merken erst zu spät, dass Sie Zeit verschwendet haben, die Sie viel sinnvoller hätten nutzen können. Nebenbei hat das Gespräch auch noch eigene Energie gekostet, denn schließlich waren Sie doch mit ganzem Herzen und offenem Ohr bei dem Problem dabei. Können Sie sich das wirklich leisten? Warten nicht doch zu viele unerledigte Dinge auf Ihrem Schreibtisch?
Wenn ja, dann sollten Sie beim nächsten Mal aufpassen und Ihrem Gegenüber freundlich, aber bestimmt klar machen, dass Sie jetzt zu diesem Gespräch nicht bereit sind.

... und auch zu Hause

In der Partnerschaft – die vermutlich ohnehin viel zu kurz kommt – fällt es noch viel schwerer, die richtige Balance und damit die Grenze zu finden, ab der erst einmal nur Ihre Bedürfnisse allein Priorität haben.
Das wird Ihnen am besten gelingen, wenn Sie für eine regelmäßige Privatauszeit sorgen, während der Sie nur das tun, was Ihnen gerade in den Sinn kommt. Eine Zeit, in der Sie absolut in Ruhe gelassen werden.
Besonders schwer fällt es, Ihren Kindern klar zu machen, dass Sie eine Pause ohne Kinder benötigen. Sofort kommt dann das (überflüssige) schlechte Gewissen, da Sie als »karrieresüchtige« Mutter sowieso immer wieder auf Ihre »armen, fremdbetreuten Kinder« angesprochen werden. Und jetzt nehmen Sie sich auch noch eine persönliche Auszeit.
Vergessen Sie alle Vorwürfe. Auch wenn Ihre Kinder unbedingt bis 22 Uhr aufbleiben wol-

len, weil sie Ihre Mama ja erst so kurz am Abend gesehen haben – denken Sie an sich und schicken Sie sie zur selben Zeit wie immer ins Bett. Abgesehen davon, dass Kinder sich ganz bestimmt nicht wohler fühlen, wenn sie jeden Tag endlos um die Auslegung und Verschiebung von Regeln mit Ihnen feilschen müssen, haben auch Sie ein Recht auf verlässliche Zeitregelungen.

Gerade berufstätige Mütter haben oft das Bedürfnis, Ihren Kindern in der kurzen Zeit, in der sie diese sehen, alle Wünsche zu erfüllen. Da Ihre Sprösslinge mit zu großen Freiräumen noch nicht umgehen können, ufert die Situation nicht selten aus und endet schließlich im Streit.

Sie haben die Betreuung der Kinder gut ausgesucht, die Kinder haben mit Sicherheit einen schönen und anregenden Tag gehabt und sind zufrieden. Kinder brauchen feste Zeiten und vor allem Grenzen. So gern Sie auch nachgeben würden: Sobald Ihre Süßen fröhlich eingeschlafen sind, werden Sie sich über Ihre Konsequenz freuen. Dann kommt Ihre Zeit: Genießen Sie den Abend und erholen Sie sich. Sie werden noch oft genug an Ihre eigenen Grenzen stoßen und sich ärgern, weil man manchmal einfach dagegen machtlos ist.

Delegieren muss sein

Sie arbeiten den ganzen Tag beziehungsweise Teilzeit, Ihr Haushalt muss versorgt werden, der Kühlschrank soll voll sein, das Essen gekocht, die Partnerschaft gepflegt, die Steuererklärung gemacht, der Rasen gemäht, Anzüge und Kostüme sollen zur Reinigung gebracht und wieder abgeholt werden. Und natürlich wollen die Kinder mit Ihnen spielen …

Über Langeweile können Sie sich also nicht beklagen, würden es aber vielleicht gern mal wieder. Wann haben Sie das letzte Mal den verregneten Sonntagnachmittag mit einem Schmöker auf dem Sofa verbracht? Erinnern Sie sich überhaupt noch daran?

Verschaffen Sie sich einen Überblick

Heute haben Sie immer jede Menge zu tun und vermutlich oft das Gefühl, es wächst Ihnen alles über den Kopf. Ehe es soweit kommt, dass die unerledigten Stapel sie erdrücken, müssen Sie handeln.

Kinder lieben die gemeinsame Zeit – doch auch Sie haben ein Recht auf Ihren Feierabend.

Die Rückkehr

Zuerst müssen Sie ganz akribisch Ihre täglich, wöchentlich und monatlich wiederkehrenden Routineaufgaben ermitteln. Legen Sie eine Liste an, auf der Sie in verschiedenen Spalten alle Routineaufgaben aufführen. In die erste Spalte tragen Sie alle täglich anfallenden Aufgaben wie Abspülen, Müll raustragen, Kinder ins Bett bringen etc. ein. Tätigkeiten, die Sie vielleicht nur ein- bis zweimal pro Woche erledigen (Staubsaugen, Bad putzen, Auto voll tanken etc.), notieren Sie in der zweiten Spalte. Die dritte Spalte ist für die unregelmäßig wiederkehrenden Aufgaben wie Rasen mähen, Kindergeburtstag vorbereiten, Knöpfe annähen etc. vorgesehen.

... und werten Sie diesen aus

Markieren Sie, was Sie selbst machen müssen, weil nur Sie es können. Einige der Aufgaben zählen wahrscheinlich nicht zu Ihren Lieblingstätigkeiten, doch hier müssen Sie wohl oder übel in den sauren Apfel beißen. Mit Sicherheit gibt es auch einige Pflichten, die Ihnen so viel Freude machen, dass Sie diese auch weiterhin gern selbst erledigen wollen. Manch einer liebt es, zur Entspannung stundenlang zu kochen, der andere kann am besten bei der Gartenarbeit abschalten. Nach dieser Bereinigung werden auf Ihrer Liste noch immer ausreichend viele Tätigkeiten übrig bleiben, die zur Kategorie »lästige Pflichten« gehören, die aber auch gut von jemand anderem ausgeführt werden können. Hier könnten Sie sich Hilfe suchen.
Im nächsten Schritt müssen Sie überlegen, wer Ihnen bei diesen ungeliebten Tätigkeiten zur Hand gehen könnte und was dadurch an

tipps zur hausarbeit

✔ Übernehmen Sie niemals die gesamte Hausarbeit, auch nicht während der Babypause!

✔ Teilen Sie die Aufgaben mit Ihrem Partner auf und versuchen Sie, Vorlieben zu berücksichtigen.

✔ Bleiben Sie locker, wenn Ihr Partner seine Aufgaben immer erst auf den »letzten Drücker« erledigt. Denn die Hauptsache ist doch, er tut es!

✔ Binden Sie Ihre Kinder mit ein: Bereits Fünfjährige können Ihre Betten selbst machen!

✔ Leisten Sie sich eine Putzfrau und machen Sie sich damit das Leben um vieles leichter.

Kosten anfallen wird. Denn die Zeitersparnis sollte in einer vernünftigen Relation zu den anfallenden Kosten stehen.

Aufgaben verteilen

Setzen Sie sich mit Ihrem Partner zusammen und teilen Sie die Haushaltspflichten mit Hilfe Ihrer Liste auf. Kleineinkäufe wie Milch und Butter könnten während der Woche Sie erledigen, für den Großeinkauf soll Ihr Partner zuständig sein. Sie lieben es beim Fernsehen zu bügeln – Ihr Partner übernimmt dafür die Fahrten zur Reinigung und zum Schuster.

Kinder verstehen, dass Mami mehr Zeit hat, wenn man ihr bei der Hausarbeit hilft.

Sobald Ihre Kinder alt genug sind, können auch sie Aufgaben im Haushalt übernehmen. Meist unterschätzt man dabei, was bereits Kindergartenkinder zustande bringen können. Nicht zu vergessen den Spaß, den es macht, wenn schwierige Dinge gelingen. Fest zugeteilte Aufgaben erleichtern hierbei das Leben deutlich, denn sie ersparen zeit- und nervenaufreibenden Diskussionen.

Leisten Sie sich eine Hilfe!
Wenn Sie es sich finanziell irgendwie erlauben können, stellen Sie eine Putzfrau oder Haushaltshilfe ein. Dieses Geld ist mit Sicherheit gut investiert. Selbst wenn es bei Ihrem Haushaltsbudget nur alle ein bis zwei Wochen möglich ist, sich einige Stunden helfen zu lassen, ist es das wert. Sie werden die Hilfe genießen und Sie haben es sich verdient. Zum Delegieren von Aufgaben gehört allerdings auch eine Portion Gelassenheit. Es ist sehr wahrscheinlich, dass Ihre Zugehfrau andere Methoden hat, das Bad zu putzen oder die Küche aufzuräumen. Häufig haben Männer andere Schmutztoleranzschwellen, bevor sie zum Staubsauger greifen. Und Ihr Kind findet sein Zimmer herrlich aufgeräumt und behauptet, das Lego-Chaos sei nach einem mittleren Erdbeben entstanden und die Aufräumhelfer müssten erst noch eingeflogen werden. Delegieren bedeutet in der Praxis auch loslassen. Lernen Sie zu akzeptieren, dass die Dinge vielleicht nicht ganz genauso erledigt werden, wie Sie es selbst getan hätten oder es sich vorgestellt haben. Doch sollten Sie sich klar machen, dass das Ergebnis immer noch um vieles besser ist als der Urzustand. Und denken Sie immer daran, was Sie gewonnen haben: Zeit, die Sie sehr viel schöner nutzen können als mit Putzen.

Schalten Sie ab

Sie haben Ihren Job im Griff, die Kinder sind gut versorgt und auch der Haushalt läuft – das ist schon eine anerkennenswerte Leistung. Doch Sie sind kein Roboter, der, sobald das Programm gewechselt wird, auf die neue Situation umschaltet, ohne einen Gedanken an das zu verschwenden, was Sie noch vor kurzem bewegt hat.

... indem Sie umschalten

Die Zeit vom Heimkommen bis zum Schlafengehen der Kinder ist eine Art »Familien-Primetime«. Sie freuen sich riesig auf Ihre Kinder und wollen diese Zeit gern in guter Stimmung und Atmosphäre miteinander verbringen. Manchmal ist es allerdings schwierig, den Schalter umzulegen und vom Job-Galopp in den Kinder-Schritt zurückzufinden. Vermeiden Sie, dass Sie beim Öffnen der Haustür noch angefüllt sind vom Stress des Tages, sonst ist der Stress daheim schon vorprogrammiert. Suchen Sie nach Möglichkeiten, den Kopf schnell vom Job frei zu bekommen – nur so können Sie sich auf Ihre Kleinen konzentrieren. Wenn Sie es zeitlich einbauen können, gehen Sie vielleicht zur Entspannung noch ein bisschen spazieren, machen einige Yogaübungen oder setzen sich in Ruhe mit der Tageszeitung in ein Café.
Wenn Sie sich vor der Familienzeit eine kleine Pause gönnen, werden Sie offener sein für Ihre Kinder und es wird Ihnen leichter fallen, den gemeinsamen Abend zu genießen.
Davon profitieren dann natürlich auch Ihre Kinder: Sie haben sensible Antennen, denen es nicht entgehen würde, wenn Sie in Gedanken noch immer Büroproblemen nachhingen und nur halb bei der Sache wären.

Gönnen Sie sich Visionen

Sie haben sich zusammen mit Ihrem Partner während Ihrer Schwangerschaft – und vielleicht auch schon lange davor – ausführlich Gedanken darüber gemacht, wie Sie Berufs- und Familienleben vereinbaren können. Sie haben Ihre Positionen klar gemacht und sich geeinigt. Sie haben alle nötigen Vorbereitungen getroffen und sich rechtzeitig ein Umfeld geschaffen, in dem sich Ihr Traum von Kind und Karriere realisieren lässt.
Während Ihrer Schwangerschaft waren Sie oft auf Gedankenreise in die Zukunft. Sie haben versucht sich vorzustellen, wie Ihr Baby aussehen und wem es ähneln wird, aber auch wie Sie das Zusammenleben mit ihm in der neuen Familienkonstellation gestalten können.
Wenn Sie allein leben, sind diese Gedankenreisen sicher noch konkreter ausgefallen und Sie gingen bereits vor der Geburt in die Planungs- und Organisationsphase. Sie mussten ja noch viel genauer planen, wie Sie alles in den Griff bekommen können, ohne sich dabei auf jemand anderen zu verlassen.

mental set

Visionen sind bildhafte Vorstellungen, die Sie vor Ihrem inneren Auge ablaufen lassen können. Im Leistungssport bedient man sich schon lange dieser Methode und erzielt gute Erfolge damit. Nutzen Sie täglich ein paar ruhige Minuten. Je konkreter Sie Ihre Vorstellung visualisieren können, umso weiter werden Sie dann auch auf Ihrem Weg kommen.

Ein Blick in die Zukunft …
Inzwischen läuft der Alltag, alles hat sich eingespielt. Jetzt wäre die passende Gelegenheit, ein bisschen über den Tellerrand hinauszublicken: Seien Sie mutig und entwickeln Sie Visionen wie damals während der Schwangerschaft. Dabei geht es nicht nur um die Bewältigung Ihrer neuen Mehrfachrolle. Jetzt sind Sie mit Ihrer Karriere dran, deren Verlauf Sie sich in Gedanken ausmalen sollten. Beginnen Sie mit dem Gedanken, wo Sie gern einmal auf der Karriereleiter ankommen würden.

… macht mutig und erfolgreich
Machen Sie Gedankenreisen bis hin zu der Frage, was Sie mit Ihrem Leben anstellen wollen, wenn die Zeit der Kindererziehung vorbei ist und Ihre Sprösslinge aus dem Haus gehen. Solche Visionen sind auch gut geeignet, um von Zeit zu Zeit aus dem grauen Alltagstrott gedanklich auszubrechen.
Immer mehr Menschen leben nach dem Prinzip des Work-Life-Balancing, was bedeutet, dass nur der gut und effektiv arbeiten kann, der in gesundem Gleichgewicht und in Harmonie mit sich und seiner Umgebung lebt.

Die Gehaltsverhandlung

Sie sind nach Babypause in Ihren Job zurückgekehrt und liefern seitdem tadellose Arbeit ab. Irgendwann ist es dann auch für Sie an der Zeit, an Ihr berufliches Weiterkommen – auch in finanzieller Hinsicht – zu denken. Doch vielleicht haben auch Sie Probleme, über Ihre guten Leistungen zu sprechen und dafür eine entsprechende Entlohnung zu verlangen?

Wer viel leistet, sollte auch entsprechend entlohnt werden – verkaufen Sie sich selbstbewusst.

Höchste Zeit für mehr Gehalt?
Beruflich sollten Sie sich ganz klare Ziele setzen, die Sie in fest umrissenen Zeiträumen erreichen wollen. Diese Ziele dürfen nicht zu tief, aber auch nicht zu hoch gesteckt sein. Vielleicht haben Sie in letzter Zeit schon öfter daran gedacht, dass es eigentlich wieder Zeit für eine Gehaltserhöhung ist. Dann kann Ihr konkretes Ziel ein positives Ergebnis in Ihrer nächsten Gehaltsverhandlung sein.
Warum glauben Sie, dass die Zeit reif ist für mehr Geld? Haben Sie den Arbeitgeber gewechselt? Kommt ein neuer Aufgabenbereich auf Sie zu? Oder haben Sie im vergangenen Geschäftsjahr einfach Überdurchschnitt-

liches geleistet? Es gibt viele Gründe, die ein Gehaltsgespräch nach sich ziehen sollten. Fassen Sie sich ein Herz und gehen Sie die Sache an! Gerade Frauen geben sich zu oft damit zufrieden, dass der Job Spaß macht, die Arbeitsatmosphäre gut ist und die Kollegen, die Kunden und der Chef so nett sind. Vergessen Sie diese Argumente. Ihre Arbeit ist gut, sie bringt dem Unternehmen Mehr-Wert und dafür sollten Sie sich auch entsprechend entlohnen lassen.

Bereiten Sie sich gut vor!

Wenn Sie sich schließlich durchgerungen haben, mit Ihrem Vorgesetzten ein Gehaltsgespräch zu führen, müssen Sie sich im nächsten Schritt gut vorbereiten.
Es wäre unklug, Ihren Chef gerade freitags auf dem Weg ins Wochenende auf mehr Gehalt anzusprechen oder wenn Sie sich zufällig in der Kantine treffen. Am besten bitten Sie ihn um einen Termin für ein Beurteilungsgespräch. Auf Nachfrage erklären Sie, dass Sie gern Feedback für Ihre Arbeit des letzten Geschäftsjahres hätten bzw. die Ziele für das kommende Jahr festlegen möchten. Sobald Ihr Termin feststeht, sollten Sie mit den Vorarbeiten beginnen. Sammeln Sie gute Argumente für Ihre Gehaltserhöhung.

Gute Gründe für gute Bezahlung

Waren Sie am erfolgreichen Abschluss eines wichtigen Projekts maßgeblich beteiligt? Dies können Sie natürlich nur dann anführen, wenn es sich nicht um eine Eintagsfliege in Ihrer Performance handelt. Haben Sie sich außerhalb der Bürozeiten um eine anspruchsvolle Weiterqualifikation bemüht und diese erfolgreich abgeschlossen? Dazu gehören selbstverständlich keine von der Firma während der Arbeitszeit finanzierten Kurzseminare. Haben Sie Ihrem Vorgesetzten über längere Zeiträume wichtige Arbeit abgenommen und so Ihre Fähigkeiten auch auf diesem Level unter Beweis gestellt? Haben Sie einen neuen Großkunden akquiriert oder einen wichtigen ehemaligen Kunden zurückgewonnen? Notieren Sie das alles auf Ihrer »Haben-Seite«. Führen Sie auch alle Erfolge und positiven Entwicklungen Ihrer Firma an, an denen Sie mitgewirkt haben – das sind sehr gute Argumente für eine Gehaltserhöhung.

checkliste

So bereiten Sie Ihre Gehaltsverhandlung vor:

- ✔ Vereinbaren Sie in aller Ruhe einen Termin mit Ihrem Chef.
- ✔ Listen Sie Ihre Erfolge des letzten Jahres auf.
- ✔ Gibt es weitere Gründe für eine Gehaltserhöhung, z. B. eine Weiterbildung in Eigeninitiative?
- ✔ Wie hoch soll Ihre Gehaltserhöhung ausfallen?
- ✔ Welche Gegenargumente wird Ihr Chef anführen und wie können Sie kontern?

Was ist angemessen?

Es ist oftmals sehr schwierig, die Höhe der Mehrforderung festzulegen. Die Obergrenze für einen möglichen Gehaltssprung innerhalb Ihres Unternehmens liegt bei etwa zehn Prozent, alles was darüber liegt, wäre vermessen. Kein Argument Ihrem Chef gegenüber, jedoch ein guter Anhaltspunkt, wo Sie mit Ihren Vorstellungen liegen, sind übrigens auch die Gehälter der Kollegen. Vielleicht können Sie ja vom einen oder anderen entsprechende Insider-Informationen bekommen. Doch behalten Sie Ihr Wissen für sich. Arbeitgeber schätzen es überhaupt nicht, wenn die Angestellten untereinander über Ihre Gehälter kommunizieren, da das in den meisten Fällen Unruhe im Unternehmen mit sich bringt. Nicht selten ist der Informationsaustausch darüber ohnehin schon per Arbeitsvertrag untersagt. Hilfreich kann auch ein Überblick über das Gehaltsgefüge in Ihrer Branche sein. Hier können Sie sich über Verbände, Gewerkschaften, Arbeitsämter, Personalberatungen und Vergütungsberatungen mit entsprechenden Übersichten versorgen.

Wappnen Sie sich

Welche Gegenargumente könnte Ihr Chef parat haben. Was ist Ihnen in letzter Zeit nicht so gut gelungen. Oder gibt es irgendwelche Ziele, die Sie beide vor einem Jahr festgelegt haben und die nicht erreicht wurden? Natürlich verläuft nicht immer alles positiv. Doch wenn Sie sich zu einem Gehaltsgespräch entschließen, sollten Ihre Erfolge deutlich überwiegen und Ihre Arbeit für die Firma überdurchschnittlich wertvoll gewesen sein.

Die Taktik

Ins Gespräch selbst sollten Sie ruhig und selbstbewusst gehen. Verbummeln Sie zu Beginn des Gesprächs nicht wertvolle Zeit, indem Sie Ihre generellen Vorzüge aufzählen. Kommen Sie zur Sache.
Wichtig ist, dass Sie Ihre besten Argumente nicht gleich zu Beginn verpulvern, sondern sich diese Aufzählung Ihrer größten Erfolge und besten Argumente für den Schluss aufheben. Mit dieser Taktik können Sie die Gegenargumente, die Ihr Chef sicherlich suchen wird, mit stichhaltigen Beweisen für Ihre Leistungen parieren.
Seien Sie auch auf die typischen Ausflüchte der Arbeitgeber vorbereitet: »Ich weiß ja, dass Sie gut gearbeitet haben und würde Sie gern entsprechend dafür entlohnen, aber mir sind durch Vorschriften die Hände gebunden …«. In diesem Fall sollten Sie nicht sauer sein und Ihren Chef womöglich provozieren. Machen Sie ihn stattdessen darauf aufmerksam, dass es auch noch andere Möglichkeiten der Entlohnung gibt, die so genannten »Fringe Benefits« (steuerbegünstigte Extraleistungen).
Die Möglichkeiten der »Fringe Benefits« sind vielfältig. Überlegen Sie, welche die für Sie beste Variante wäre. Bevor Sie sich auf eine Leistung festlegen, lassen Sie sich von Ihrem Steuerberater durchrechnen, welche Alternative sich für Sie am meisten rechnet.

Don't do it

Bitte bleiben Sie in Ihrer Argumentation während dieser Verhandlung immer professionell und sachlich. Es gibt einige (private) Gründe, die Sie in einem solchen Gespräch

Die Rückkehr

→ **fringe benefits**

- ✓ Dienstwagen und Mobiltelefon – auch zur privaten Nutzung.
- ✓ Eine steuerbegünstigte Direktversicherung.
- ✓ Eine Berufsunfähigkeitsversicherung, deren Kosten der Arbeitgeber übernimmt.
- ✓ Bezahlter Sonderurlaub.
- ✓ Stock Options (Firmenbeteiligungen).
- ✓ Ein Bahn-Ticket für den Weg zum Arbeitsplatz.
- ✓ Steuerbegünstigtes Auszahlen der Gehaltserhöhung erst nach der Pensionierung.
- ✓ Steuerbegünstigte Firmenbeteiligungen.
- ✓ Steuerfreie Zuschüsse für Kindergarten, Fortbildung etc.

niemals anführen dürfen: Wenn Sie beispielsweise eine Gehaltserhöhung brauchen, um ein neues Auto oder gestiegene Zinsen bei der Wohnungsabzahlung zu finanzieren, macht das den denkbar schlechtesten Eindruck. Jeder Vorgesetzte möchte in verantwortungsvollen Aufgabenbereichen nur Mitarbeiter beschäftigen, die so kalkulieren können, dass Sie mit dem bestehenden Budget zurechtkommen. Das gilt sowohl für den privaten als auch für den professionellen Bereich. Natürlich argumentieren Sie auch nicht mit der erträumten Tauchreise auf die Malediven, der Euro-Preissteigerung oder den Kinderbetreuungskosten. Denken Sie daran, Sie werden nach Ihrer Leistung im Büro bezahlt und nicht nach Ihrem privaten Finanzbedarf. Und so müssen Sie dann auch die Argumente setzen.

Neben den eben genannten »Tabugründen« bitte auch niemals mit den Gehältern der Kollegen argumentieren oder emotional auf die Aussagen Ihres Vorgesetzten reagieren. Das bringt Sie garantiert keinen Schritt weiter.

Was tun, wenn es diesmal nicht geklappt hat?

Sollte Ihre Verhandlung trotz guter Vorbereitung nicht zum erwünschten Erfolg geführt haben, reagieren Sie bitte auch hier professionell. Sie tun sich keinen Gefallen, wenn Sie im Gespräch emotional werden, jetzt aus Trotz »Dienst nach Vorschrift« machen und innerlich Ihre Kündigung einreichen.

Beschließen Sie das Gespräch mit einer Terminabsprache für die nächste Verhandlungsrunde. Sie sollte idealerweise nach etwa sechs Monaten stattfinden. Treffen Sie mit Ihrem Chef Vereinbarungen darüber, welche Ziele bis dahin erreicht werden sollen. Notieren Sie den Gesprächsverlauf Ihrer ersten Verhandlung, vor allem aber alle Einwände, die Ihr Chef gegen eine Gehaltserhöhung vorgebracht hat. Daran können Sie in der Zwischenzeit arbeiten und noch besser vorbereitet in die nächste Runde starten.

interview

> Ich bin während meiner Babypause immer am Ball geblieben und habe niemals Zweifel aufkommen lassen, dass ich schnell wieder arbeiten wollte. Dennoch hatten die Kollegen Zweifel, dass ich den Job mit Kind noch schaffen kann. Nach meiner Rückkehr habe ich deshalb besonders darauf geachtet, mich wieder gut ins Team einzufügen und die Vorbehalte durch besonders gute Ergebnisse zu zerstreuen. Es hat zwar etwas gedauert, doch jetzt bin ich wieder voll akzeptiert.

DER NEUE UMGANG MIT DEN KOLLEGEN

Fast alle Menschen behaupten von sich, kinderlieb zu sein. Dies trifft meist dann zu, wenn es sich um die blanke Theorie »Kind« handelt. Oder aber die Befragten haben Musterkinder vor Augen, die fröhlich in ihrem Kinderwagen liegen oder ruhig am Tisch sitzen und malen. Genauso wird nach Bekanntgabe Ihrer Schwangerschaft der Großteil Ihrer Kollegen beteuern, wie sehr sich alle für Sie freuen. Sie werden Ihnen versichern, dass sie hoffen, Sie bald wieder im Team zu haben. Natürlich würden Sie dann auch tatkräftig unterstützt. Wenn Sie dann tatsächlich nach der Babypause wieder einsteigen, werden alle sagen: Natürlich sollen Mütter die Gelegenheit haben, sich beruflich weiterzuentwickeln. Doch sobald sich Ihre Mutterrolle im Büro bemerkbar macht, schwindet die Solidarität.

Der neue Umgang mit den Kollegen

Neider, Zweifler, Pessimisten?

Es gibt sie immer und überall – Menschen, die gern ein bisschen was von dem hätten, was andere gerade haben. Und im Normalfall fällt das auch nicht weiter auf, da sich der Neid auf viele Personen verteilt.

Doch wenn Sie aus Ihrer Babypause in den Job zurückkehren, sind Sie fast immer darauf angewiesen, die »Privilegien« in Anspruch zu nehmen, die Staat und Arbeitgeber Ihnen zugestehen. Gerade in diesem Fall bricht er gern aus, der Neid auf die Vorteile der berufstätigen Mütter. »Ein Kind müsste man haben, dann …« ist ein Satz, der Ihnen vielleicht auch schon begegnet ist. Dagegen hilft nur ein dickes Fell und das Wissen um die eigenen Fähigkeiten sowie Projekte, die Sie stets pünktlich und perfekt abwickeln.

Gleiches Recht für alle?

Stellen Sie sich vor, Sie gehen mehrere Wochen pünktlich nach Hause, da die Kinderkrippe nunmal pünktlich schließt oder Sie Ihre Kinderfrau ablösen müssen. Sie haben schon zu Jahresanfang Ihren Urlaub eingereicht, da Sie die Ferien in Schule und Kinderkrippe auffangen müssen und sich deshalb die Zeiten mit Ihrem Partner aufteilen. Das ist auch noch durchgegangen und ohne Änderungen genehmigt worden. Und dann haben Sie im letzten halben Jahr schon zweimal gefehlt, weil Ihr Kind krank war, deswegen zum Arzt musste und beim besten Willen nicht in die Krippe gebracht werden konnte. Dann wird er so langsam aufsteigen in man-

➡ neidfaktoren

- ✓ Die hat's gut, immer geht sie pünktlich nach Hause.
- ✓ Immer bekommt sie Urlaub in der schönsten Sommerzeit.
- ✓ Die hat's gemütlich: Sitzt auf unsere Kosten beim kranken Kind und liest Märchen, während wir hier sitzen und am Telefon ihre Kunden vertrösten.
- ✓ Ich wollte schon lange meine Arbeitszeit verkürzen, ohne Erfolg – und bei ihr klappt es sofort.

chen Ihrer Kollegen, der Neid. Die meisten Mit-Arbeitnehmer pflegen in diesen Dingen eine sehr einseitige Sichtweise und sind nicht in der Lage, sich in die Rolle einer berufstätigen Mutter hineinzuversetzen.

Dickes Fell plus Professionalität

Wenn Sie früh nach Hause gehen, ärgert sich Ihr Kollege wahrscheinlich, dass er noch eine Weile arbeiten muss. Er kommt gar nicht auf die Idee, dass Sie, anstatt in aller Ruhe im sonnigen Biergarten ein Bierchen zu trinken, in dieser Minute zum Supermarkt hetzen, um im Anschluss die hungrige Familie zu bekochen. Während Sie Ihr krankes Kind betreuen oder stundenlang im Wartezimmer des Kinderarztes sitzen, ärgern sich die Kollegen, dass Sie Anrufe für Sie entgegennehmen müssen oder

Teile Ihrer Aufgaben miterledigen sollen. Da Sie aber im Job vor allem professionell auftreten sollen und nicht ständig auf die Bedürfnisse der Familie verweisen wollen (und sollen), hilft gegen diese Spezies Kollege nur Folgendes: Ein dickes Fell, gesundes Selbstbewusstsein und hervorragend geleistete Arbeit! Sie gehen an den meisten Tagen als Erste und schöpfen Ihren Urlaub bis zum letzten Tag aus – kein Problem, wenn die Projekte gut laufen, die Aufgaben in Ihrem Team perfekt erledigt werden und die Kunden und der Chef dementsprechend zufrieden sind.

»Mütter-Privilegien«

Möglicherweise gehören Sie zu den Ersten, die ein neues Arbeitszeitmodell in Ihrer Firma durchgesetzt haben und freuen sich über Ihren Teilzeitvertrag, der Ihnen erlaubt, einen ganzen Wochentag oder mehr nicht in der Firma, sondern bei Ihrem Kind zu sein. Eine Kollegin ist neidisch, weil sie ein zeitintensives Hobby pflegt, für das sie sehr gern mehr Zeit hätte. Aus diesem Grund könnte Ihre Kollegin sich durchaus auch vorstellen, von Vollzeit auf eine Viertagewoche umzusteigen. Das ist in ihrem Vertrag aber nicht vorgesehen und ohne stichhaltige und überzeugende Argumente wird sie auch keinen Erfolg bei der Durchsetzung des Anliegens haben.

Andere Kollegen kennen in ihrem Freundeskreis einige Beispiele von Eltern, die wegen Krankheit der Kinder oder anderen misslichen Umständen relativ oft am Arbeitsplatz gefehlt, die Situation ausgenutzt oder keine gute Arbeit geleistet haben. Diese Negativerfahrung übertragen sie jetzt auf Sie und zweifeln daran, dass Sie Ihren Job heute mit der gleichen Power und gleich gutem Erfolg machen können, wie vor Ihrer Elternschaft.

Der gute Draht zu den Kollegen

Dann gibt es noch die Pessimisten unter den Kollegen, die Sie in Ihrem Elan bremsen. Diese Spezies hat wenig ermunternde Worte für Sie übrig, weil sie glaubt, dass Ihre Arbeit – und damit ist auch die Zusammenarbeit mit den Kollegen gemeint – leiden wird.

Sie können ganz einfach nicht glauben, dass Mütter und Väter trennen können zwischen Familie/Beruf und Karriere. Sie befürchten, dass der gemütliche Schwatz während der Happy Hour in der Bar ein für alle Mal vorbei ist, weil Sie jetzt nach Büroschluss immer schnell zu Ihrer Familie zurück wollen. Sie

Nach dem Wiedereinstieg ist es besonders wichtig, ein gutes Verhältnis zu den Kollegen zu pflegen.

haben es selbst in der Hand: Zeigen Sie, dass beides machbar und miteinander vereinbar ist. Ihr Einsatz wird sich auszahlen, und für die Arbeitsatmosphäre maßgeblich sein. Denken Sie immer daran, dass Ihre Kollegen zumindest in der ersten Zeit ganz genau darauf achten werden, wie Sie Ihre Arbeit machen und wie das Ergebnis ausfällt. Fallen Sie nicht auf falsche Hilfsangebote herein und versuchen Sie abzuklären, wie die Kollegen in Wahrheit zu Ihnen stehen.

Überzeugen Sie durch Taten

Nie war es wichtiger als jetzt, ein gutes Verhältnis untereinander zu pflegen. Sie können jetzt keine Negativenergien in Ihrem Arbeitsumfeld brauchen. Versuchen Sie durch Worte, Gesten und Taten Ihre Kollegen für Ihre Sache zu gewinnen. Beweisen Sie Ihnen Schritt für Schritt und jeden Tag aufs Neue, dass Sie Ihre Situation als berufstätige Mutter nicht ausnutzen wollen. Wenn Sie Ihren Job gut machen und Ihre Kollegen das dann auch bemerken, werden neidische, zweifelnde und pessimistische Stimmen sicher nach und nach verstummen.

Väter als Berufsrückkehrer

Etwas Aufmerksamkeit muss in diesem Kapitel auch auf die »mutigen« Väter gerichtet werden, die ihren Anspruch auf Elternzeit wahrgenommen haben und nun wieder in den Job zurückkehren. Sie sind in der heutigen Zeit ganz sicher Vorreiter und eher die Ausnahme – oder kennen Sie viele Beispiele? In dieser Situation sind die Väter also in einer ausgesprochenen Sonderrolle und haben deshalb mit noch viel mehr Vorurteilen zu kämpfen als berufstätige Mütter. Hinter Ihrem Rücken werden sie als Softie, Weichei oder so ähnlich bezeichnet – und das nur, weil Sie einen Pfad betreten haben, der noch relativ neu und nicht sehr ausgetrampelt ist.

Ein Hauch von Neid

Vielleicht steckt hinter manch negativer Bemerkung auch nur der blasse Neid auf den Kollegen, der den Schritt gewagt hat und tatsächlich in Anspruch genommen hat, was ihm von Rechts wegen zusteht. Für ihn gelten jetzt ähnliche Spielregeln wie für Frauen, die sich in traditionell männliche Berufe vorwagen. Beide – die Männer in Elternzeit und die Frauen in klassischen Männerberufen – müssen ein noch dickeres Fell haben, um die Vorurteile an sich abprallen zu lassen.
Es steht natürlich außer Frage, dass auch »berufstätige Väter« nach ihrer Elternzeit wieder voll in den Job einsteigen und Leistungen wie vor der Geburt des Kindes bringen können. Nur gilt auch hier: Die Prioritäten haben sich sicher verschoben, es wird vielleicht nicht mehr der Job, sondern die Familie an erster Stelle stehen. Aber auch die Väter sollten sich das niemals anmerken lassen.

Keine Chance für Konkurrenten

Konkurrenten um Ihren Stuhl gibt es immer, auch wenn Sie keine Babypause machen und im Job bleiben. Doch dann haben Sie den Vorteil, dass Sie keine Vorurteile von wegen

achtung

Vielleicht gibt es den einen oder anderen, der Sie während Ihrer Mutterschutzzeit in manchen Bereichen vertreten hat? Vielleicht hatte der- oder diejenige schon insgeheim gehofft, dass Sie die drei Jahre Elternzeit in vollem Umfang in Anspruch nehmen werden und bereits entsprechend nachgefragt? Denn eines sollte Ihnen klar sein: Je länger Sie Ihre Babypause ausgedehnt haben, umso größer ist die Gefahr, dass Ihr Arbeitsplatz bereits von Kollegen angepeilt wurde.

»einmal Vollzeit-Mama – immer Vollzeit-Mama« widerlegen müssen und die Situation besser unter Kontrolle haben. Doch wer sich an einige Grundregeln hält, kann sich auch als Mutter, die ihre Elternzeit in Anspruch nimmt, seines Jobs sicher sein.

Wird an Ihrem Stuhl gesägt?

Sie waren nach der Geburt Ihres Kindes einige Zeit zu Hause und haben die Zeit mit Ihrem Baby genossen. Doch Sie haben die Babypause auch gut für sich genutzt und während dieser Zeit den Kontakt zur Firma und auch zu Ihren Kollegen gehalten. Und jetzt sind Sie wieder im Büro und müssen sich langsam in ein Team einfügen, das eine Weile ohne Sie existiert hat. Wahrscheinlich hat sich im Büro einiges verändert, sowohl inhaltlich als auch in der Besetzung der einzelnen Posten. Je länger Sie weg waren, umso deutlicher wird Ihnen die Veränderung ins Auge stechen. Und möglicherweise hat einer Ihrer alten oder in der Zwischenzeit neu dazugekommenen Kollegen bereits ein Auge auf Ihren angestammten Tätigkeitsbereich geworfen.

Attention please!

Eine gewisse Vorsicht ist hier geboten. Vielleicht steht Ihre Konkurrenz schon in den Startlöchern und wartet nur darauf, dass Sie Fehler machen? Oder man ist sehr aufmerksam und will Schwächen entdecken und dann zum eigenen Vorteil ausnützen? Aufpassen müssen Sie besonders dann, wenn Kollegen, die Sie um Ihre vermeintlichen Privilegien offensichtlich beneiden, auch noch an Ihrem Job interessiert sein könnten.

Seien Sie wachsam, wenn Sie von einer Person immer mal wieder zu Einzelheiten Ihrer Arbeit befragt werden: Wo denn so die Probleme liegen und ob Sie das mit der Familie überhaupt alles schaffen können. Wenn genau diese Person bei Unterhaltungen auf dem Flur oder in der Kantine immer gerade dann plötzlich verstummt, wenn Sie hinzukommen, dann liegt die Vermutung nahe, dass schon hinterrücks an Ihrem Stuhl gesägt wird.

Selbstbewusst kontern

Ihre Taktik kann immer nur die Gleiche sein. Selbstbewusstsein ist das A und O. Fragen Sie den/die Kollegen/in direkt und ohne Umschweife, warum er sich plötzlich so für Ihren Job interessiert. Sprechen Sie ihn/sie darauf an, was Ihnen an der allgemeinen Kommunikation auffällt. Und immer wieder die alte Regel: Nehmen Sie ihm/ihr durch hervorragende Leistungen von vornherein den Wind aus den Segeln. Und sorgen Sie dafür, dass auch Ihr Chef Ihre Leistungen registriert.

Solidarität im Team

Erinnern Sie sich an Ihre allerersten Tage und Wochen im Unternehmen zurück. Sie haben damals eine Weile gebraucht, bis Sie Ihren Platz in dem bestehenden Kollegenverbund gefunden hatten. Die Situation jetzt ist zwar nicht die Gleiche, aber ein bisschen Ähnlichkeit hat sie dennoch – immerhin waren Sie eine Weile abwesend und müssen sich nun wieder neu orientieren.

Doch diesmal haben Sie den Vorteil, dass Ihre Kollegen bereits wissen, was Sie drauf haben. Sie konnten bereits in der Vergangenheit beweisen, dass man gut mit Ihnen klar kommt und dass man sich normalerweise auf Sie verlassen kann. Trotzdem müssen Ihre Kollegen Sie in Ihrer jetzigen Doppelrolle als Mutter und Kollegin erst wieder neu kennen lernen. Grundsätzlich lässt sich aber sagen, dass ein gutes Klima im Team die beste Basis dafür ist, dass sich niemand übervorteilt oder benachteiligt fühlt und keiner am Stuhl des anderen sägt. In diesem Fall wird es auch einmal möglich sein, dass einer von ihnen zurücksteckt – dafür ist er/sie dann eben das nächste Mal an der Reihe. Denn jedem Ihrer Kollegen muss eigentlich klar sein, dass auch er beziehungsweise sie einmal in eine Situation kommen kann, die sich nur mit Hilfe und Unterstützung der Kollegen meistern lässt.

Delegieren im Job

Im privaten Bereich haben Sie es bereits gut zustande gebracht: Sie haben sich genau überlegt, welche Aufgaben Sie selbst erledigen wollen oder müssen und welche Sie an Dritte weiterdelegieren können. Ihr Alltag gibt Ihnen jeden Tag aufs Neue Recht: Alles läuft wie am Schnürchen und Sie können sich in aller Ruhe Ihrem Job widmen. Doch wie sieht es mit dem Delegieren im Beruf aus?

Lassen Sie mit-arbeiten!

Eigentlich ist es schon beinahe eine Selbstverständlichkeit, dass Sie bei eigener Abwesenheit gut vertreten werden. Aus welchen Gründen auch immer kann es sein, dass Sie überra-

Arbeit abgeben heißt auch immer, sich auf andere verlassen – geben Sie Ihren Kollegen eine Chance!

schend einmal früher gehen müssen oder ausfallen, weil Ihre Kinder krank sind. Das passiert jetzt vermutlich häufiger als früher. Wenn dann nicht der ganze Arbeitsablauf liegen bleiben soll, muss jemand für Sie einspringen. Deshalb ist es äußerst sinnvoll, wenn Sie schon vorher in kleinen Schritten delegieren lernen.

Delegieren an Untergebene

Wenn Sie Mitarbeiter oder Assistenten haben, die Ihnen unterstellt sind, so sollten Sie deren Arbeitskraft auch sinnvoll nutzen. Natürlich können Sie viele Dinge schneller oder besser erledigen – schließlich sind Sie die Vorgesetzte. Wenn Sie aber alles lieber selbst machen, anstatt die Aufgaben an Ihre Mitarbeiter weiterzuverteilen, dann werden Sie bald Probleme haben: Zum einen werden Sie kaum mit der Ihnen zur Verfügung stehenden Zeit zurechtkommen. Zum anderen haben Ihre Mitarbeiter keine Chance, sich in Sachen Geschwindigkeit und Professionalität zu steigern. Helfen Sie Ihnen, indem Sie sich die Zeit nehmen, die getane Arbeit durchzusprechen und Tipps zu geben, wie man das eine oder andere hätte schneller/besser erledigen können. Das ermöglicht Ihren Mitarbeitern, am konkreten Fall zu lernen, und ist für Sie gleichzeitig eine gute Möglichkeit, die delegierte Arbeit noch einmal zu prüfen.

Sollten Sie im Laufe der Zeit das Gefühl haben, dass auch mit viel Geduld und Einarbeitung delegierte Aufgaben immer noch nicht zu Ihrer Zufriedenheit erledigt werden, dann müssen Sie unter Umständen die Qualität Ihrer Mitarbeiter überdenken.

Wenig Zeit bei Teilzeit

Wenn Sie vorübergehend Teilzeit arbeiten, wird Ihnen Ihre neue Zeitknappheit besonders deutlich. Wenn Sie versuchen, das gleiche Arbeitspensum wie früher zu bewältigen, haben Sie vielleicht schon vergessen, dass Sie früher an manchen Abenden nicht auf die Uhr gesehen haben und bis spät in die Nacht am Schreibtisch saßen. Schließlich wartete ja niemand zu Hause oder der Partner konnte mit einem Telefonat und der Verabredung auf später vertröstet werden. Heute dagegen muss Ihr Kind pünktlich abgeholt, das Kostüm aus der Reinigung und auf dem Heimweg noch schnell das Abendessen besorgt werden. Gewöhnen Sie sich also an, Aufgaben, die Sie nicht unbedingt selbst erledigen müssen, weiterzugeben. Dabei darf nicht der Eindruck entstehen, dass Sie sich jetzt zu gut sind für Tätigkeiten, die Sie vor der Babypause immer selbst erledigt haben.

Arbeitsteilung im Team

Wenn Sie in einem gleichberechtigten Team arbeiten, können Sie nicht viel delegieren. Dafür müssen Sie hier lernen »Nein« zu sagen. Insbesondere berufstätige Mütter neigen dazu, Ihren Job zu 200 Prozent erledigen zu wollen. Sie möchten der Welt und auch sich selbst beweisen, dass Sie genauso leistungsfähig sind, wie alle anderen Kollegen – und erledigen deshalb alles, was an sie herangetragen wird. Das ist auch in Ordnung, doch bitte bürden Sie sich nicht noch mehr auf. Wenn das Ende Ihrer Kapazitäten erreicht ist, sollten Sie den Mut aufbringen, sich von Teamkollegen mit mehr Luft helfen zu lassen.

Welche Rechte habe ich?

interview

»Ich habe bis 4 Wochen vor dem errechneten Geburtstermin gearbeitet, bin dann noch umgezogen und hatte überhaupt keine Zeit, mich um den ganzen Formalkram zu kümmern — schließlich würde ich nach der Geburt genügend Zeit haben ... Im Ergebnis habe ich Gelder gar nicht oder zu spät beantragt, weil ich zu nichts mehr gekommen bin. Sogar vom Kindergeld habe ich etwas »verschenkt«. Hätte ich mir vorher einen Überblick verschafft, wäre das nicht passiert.«

WELCHE RECHTE HABE ICH?

Sich zu erkundigen und zu forschen, was einem vor und nach der Geburt des Kindes zusteht, mit dickem Bauch oder dem Baby auf dem Arm in Ämtern anzustehen, Antragsformulare lesen und ausfüllen – das macht niemandem Spaß. Und gerade jetzt steht Ihnen der Sinn sicherlich mehr nach Fachliteratur über Geburt und Kinderkost beziehungsweise nach Entspannungs- und Yogaübungen als nach trockener Behördenliteratur. Trotzdem: Nehmen Sie sich die Zeit, zu prüfen und zu überdenken, welche Leistungen Sie für sich und Ihre Familie beanspruchen können. Wenn das Baby erst einmal da ist, Sie Ihre wohlverdiente Babypause genießen oder Sie dann an Ihren Arbeitsplatz zurückgekehrt sind, haben Sie erst recht keine Lust mehr, geschweige denn Zeit für Behördengänge.

Formulare, die sich auszahlen

In punkto Krankenversicherung, Mutterschaftsgeld, Haushaltshilfe, Erziehungsgeld und nicht zuletzt Kindergeld haben Sie Rechte, die Sie als (werdende) Mutter in Anspruch nehmen können und sollten. Da man aber nur etwas beantragen kann, von dem man weiß, dass es existiert und dass es einem zusteht, folgt im Anschluss ein kleiner Überblick zum Thema »Ihr Geld und Ihre Rechte als Mutter«.

Medizinische Versorgung

Unabhängig davon, wie Sie krankenversichert sind – ob privat oder gesetzlich –, die Grundversorgung rund um Schwangerschaft und Geburt ist gleichermaßen gewährleistet. Vorsorgeuntersuchungen, die Kosten für Arzt und Hebamme – auch während der Nachsorge –, stationäre Entbindung sowie der nachfolgende Krankenhausaufenthalt oder häusliche Pflege – alle durch und rund um die Geburt entstehenden Kosten werden komplett von Ihrer Krankenkasse ersetzt.
Gesetzlich Versicherte bekommen die Kosten für ein Mehrbettzimmer bezahlt. Privat Versicherte haben zusätzlich einen Anspruch auf freie Arzt- und Krankenhauswahl, Chefarztbehandlung und Unterbringung in einem Ein- oder Zweibettzimmer.
Wer auch als gesetzlich Versicherte erster Klasse liegen und behandelt werden will, kann sich mit einer stationären Zusatzversicherung den Privatpatienten gleichstellen und so ebenfalls all diese Leistungen abdecken.

Wenn Sie eventuell nach einem Kaiserschnitt oder irgendwelchen Komplikationen länger stationär aufgenommen werden müssen, kann sich diese relativ günstige Zusatzversicherung auszahlen: Dann sind Sie bestimmt dankbar dafür, wenn Sie und Ihr Baby in einem kleineren Zimmer mehr Ruhe finden.

Rechtzeitig planen

Die Entscheidung für eine Zusatzversicherung müssen Sie rechtzeitig treffen. Wenn Sie bei Abschluss bereits schwanger sind, entfällt meist der Anspruch im Zusammenhang mit dieser Schwangerschaft. Die Versicherungsgesellschaften setzen normalerweise eine Wartezeit von acht Monaten voraus.

Die Krankenversicherung Ihres Kindes

Wenn beide Elternteile gesetzlich krankenversichert sind, ist Ihr Baby von der ersten Minute an automatisch kostenfrei mitversichert. Und auch wenn Sie bei einer privaten Krankenkasse versichert sind, genießt Ihr Kind Versicherungsschutz von der Minute seiner Geburt an – unter einer Voraussetzung: Sie selbst müssen schon mindestens seit drei Monaten bei diesem Unternehmen versichert sein. Wenn Sie diese Auflage erfüllen, müssen Sie die Geburt und die Mitversicherung des Kindes innerhalb von zwei Monaten nach der Geburt anmelden.
Halten Sie sich unbedingt an diese Frist, denn nur so besteht auch garantiert ein Versicherungsschutz für angeborene Krankheiten oder Geburtsschäden! Als privat Versicherter ist Ihr Kind von Beginn an beitragspflichtig.

Welche Rechte habe ich?

Beantragen Sie Mutterschaftsgeld
Als berufstätige Mutter können Sie für die Dauer der Schutzfristen Mutterschaftsgeld beantragen. In den sechs Wochen vor und acht Wochen nach der Geburt dürfen Sie per Gesetz nicht arbeiten und erhalten daher auch keine Bezüge. Diese »Gehaltslücke« wird durch das Mutterschaftsgeld abgedeckt. Voraussetzung für die Auszahlung des Mutterschaftsgeldes ist, dass Sie bereits vor der Geburt Ihres Kindes für mindestens drei Monate in der gesetzlichen Krankenkasse versichert waren.
Die Höhe des Mutterschaftsgeldes hängt von Ihrem Nettoverdienst ab, wobei zu berücksichtigen ist, dass es festgelegte Höchstsätze gibt, die nicht überschritten werden. Damit Sie während der Mutterschutzfristen keine Verdienstausfälle haben, ist Ihr Arbeitgeber verpflichtet, Differenzen auszugleichen.

Wenn Sie privat versichert sind
Wer bei einer privaten Kasse versichert ist, bekommt sein Mutterschaftsgeld nicht von der Krankenkasse, sondern muss seinen Antrag beim zuständigen Bundesversicherungsamt stellen. Dies gewährt eine einmalige Zahlung, die in der Regel deutlich unter dem von den gesetzlichen Kassen gezahlten Betrag liegt. Ihr Arbeitgeber ist zwar auch hier verpflichtet, bis zu Ihrem Nettoverdienst aufzustocken, er kann und wird jedoch als Sockelbetrag zu Grunde legen, was Sie als gesetzlich Krankenversicherte erhalten hätten. Im Ergebnis bedeutet dies, dass Sie hier als privat Versicherte finanzielle Einbußen während der Mutterschutzfristen hinnehmen müssen.

> **neues recht**
>
> Wenn Ihr Kind bisher vor dem errechneten Termin zur Welt kam, aber nicht als Frühchen eingestuft wurde, stand Ihnen nach der Geburt nur die übliche Schutzfrist von acht Wochen zu. Die vor der Geburt nicht beanspruchten Mutterschutztage waren verfallen. Nach dem neuen Mutterschutzrecht – das im Sommer 2002 in Kraft treten soll – verlängert sich die Frist nach der Geburt (acht Wochen) um diejenigen Tage, die vor der Geburt nicht in Anspruch genommen wurden.
> Bis zum Sommer 2002 galt diese Regelung ausschließlich für Mütter von Frühgeborenen mit einem Geburtsgewicht von weniger als 2500 Gramm oder entsprechenden Anzeichen von Frühgeborenen.

Während der Schutzfristen ...
Die Schutzfrist für Sie als berufstätige werdende Mutter beginnt sechs Wochen vor dem errechneten Geburtstermin. Während dieser Zeit dürfen Sie arbeiten, wenn Sie dies wollen. Während der achtwöchigen Mutterschutzzeit nach der Entbindung hingegen dürfen Sie nicht für Ihren Arbeitgeber tätig werden. Wenn Sie nach Ablauf Ihrer Mutterschutzfrist Elternzeit für sich beantragen, so ist diese grundsätzlich unbezahlt. Während dieser Zeit wird die Pflichtmitgliedschaft in Ihrer gesetz-

lichen Krankenversicherung aufrecht erhalten, ohne dass Ihnen dafür Beiträge vom Erziehungsgeld abgezogen werden.

... ist Teilzeit erlaubt
Wenn Sie – bis zu den zulässigen 30 Wochenstunden – in dieser Zeit einer Teilzeitarbeit nachgehen, wird Ihnen das daraus resultierende Einkommen auf das Erziehungsgeld angerechnet. Aus diesem Einkommen sind dann aber auch die üblichen Sozialabgaben zu bezahlen. Wichtig: Wer privat krankenversichert ist, ist weder im Mutterschutz noch während der Elternzeit beitragsfrei.

Entbindungsgeld und Entbindungspauschale
Wer keinen Anspruch auf Mutterschaftsgeld durch die Krankenkasse hat, erhält nach der Geburt eine einmalige Entbindungspauschale in Höhe von 77,– Euro. Neben dem Entbindungsgeld kann dann unter bestimmten Voraussetzungen noch ein einmaliges Mutterschaftsgeld über das Bundesversicherungsamt beantragt werden. In der privaten Krankenversicherung gibt es für diesen Fall eine so genannte Entbindungspauschale, die je nach Versicherung und abgeschlossenem Vertrag unterschiedlich hoch ausfallen kann. Im Durchschnitt liegt sie bei etwa 1000 Euro.

Hilfe im Haushalt
Unter dem weiten Begriff der Mutterschaftshilfe fallen für gesetzlich Versicherte außer Mutterschafts- und Entbindungsgeld noch weitere Leistungen. Wenn Sie wegen Komplikationen während der Schwangerschaft oder der Entbindung nicht in der Lage sind, Ihren Haushalt zu versorgen, werden Ihnen die Kosten für eine Haushaltshilfe von Ihrer Kasse ersetzt. Dies gilt selbstverständlich nur, wenn außer Ihnen niemand in Ihrem Haushalt lebt, der diese Aufgaben erfüllen kann, und Sie mindestens ein Kind unter 12 Jahren oder ein behindertes Kind haben. Wer den Antrag auf eine Hilfe im Haushalt stellen will, benötigt eine ärztliche Bescheinigung.

> **tipp**
> **So können Sie als privat Versicherte bei ambulanter oder Hausgeburt sparen**
>
> Wenn Sie zum Beispiel vorhaben, ambulant oder zu Hause zu entbinden, so kann es sich lohnen, die dabei entstehenden Kosten zunächst einmal aus der eigenen Tasche zu bezahlen und im Anschluss die Entbindungspauschale zu beantragen. Dabei gehen Sie kein Risiko ein, denn Sie müssen sich nicht schon vor der Geburt für eine Variante entscheiden. Falls Sie auf Grund von Komplikationen (z.B. Kaiserschnitt) wider Erwarten doch stationär aufgenommen werden müssen, werden Ihnen die Kosten selbstverständlich nach Ihren vertraglich vereinbarten Tarifen erstattet.

Welche Rechte habe ich?

Erziehungsgeld

Wenn Sie nach der Geburt Ihres Kindes noch nicht wieder voll berufstätig sind und Ihr Kind zu Hause selbst betreuen, so haben Sie Anspruch auf Erziehungsgeld. Der Staat greift Ihrer Familie während eines begrenzten Zeitraums finanziell unter die Arme, um Sie bei den Mehrkosten, die durch Ihr Kind entstehen, zu unterstützen. Schließlich verzichten Sie in dieser Zeit auf Ihr Vollzeiteinkommen. Das Bundeserziehungsgeld wird für maximal 24 Monate bezahlt, wobei für gesetzlich und privat Krankenversicherte gleiche Voraussetzungen gelten. Zu beachten sind dabei bestimmte Einkommenshöchstgrenzen, die nicht überschritten werden dürfen. Beantragt wird das Erziehungsgeld beim Versorgungsamt Ihres Bundeslandes.

Den ersten Antrag stellen Sie für die ersten zwölf Lebensmonate des Kindes. Der zweite Antrag kann frühestens neun Monate nach der Geburt gestellt werden und ist für das zweite Lebensjahr bestimmt.

In einigen Bundesländern können Sie nach Ablauf der Zahlungen für das zweijährige Bundeserziehungsgeld noch Landeserziehungsgeld oder Familienhilfe beantragen. Informationen dazu erhalten Sie in den Versorgungsämtern. Betreuen Sie in Ihrem Haushalt mehr als ein Kind unter zwei Jahren, so wird für jedes Kind Erziehungsgeld bezahlt.

Kindergeld

Für jedes Kind, das in Deutschland lebt, kann Kindergeld beantragt werden. Es wird unabhängig von Einkommensgrenzen und Vermögensverhältnissen bezahlt.

> **tipp**
>
> Nehmen Sie Ihr Baby mit zu den Behördengängen. Normalerweise haben Sie dann bevorzugten Zutritt, was Ihnen viel Wartezeit ersparen wird.

Das Kind, für das Sie die Leistungen beantragen, muss nicht Ihr leibliches Kind sein. Auch für Stief- und Pflegekinder sowie für adoptierte Kinder können Sie einen Antrag stellen. Kindergeld wird in jedem Fall bis zur Vollendung des 18. Lebensjahres gezahlt; wenn Ihr Kind arbeitslos ist, bis zum 21. Lebensjahr. Bei Schul- oder Berufsausbildung und Studium Ihres Kindes erhalten Sie das Kindergeld maximal bis zum 27. Lebensjahr.

In den ersten Lebensjahren stehen Ihnen Kinder- und Erziehungsgeld unabhängig voneinander zu. Ihren Antrag auf Kindergeld müssen Sie bei der Familienkasse stellen. Warten Sie nicht zu lange, denn das Kindergeld wird nur sechs Monate rückwirkend ausbezahlt.

Alternativ zum Kindergeld

Anstelle des Kindergeldes können Sie auch einen jährlichen Steuerfreibetrag beanspruchen. Wenn Sie Kindergeld beziehen, obwohl der Freibetrag die günstigere Lösung darstellt, werden Ihnen die zuviel entrichteten Steuern mit dem Lohn- bzw. Einkommenssteuer-Jahresausgleich zurückerstattet.

→ Zurück am Arbeitsplatz

Eine Kur für Mutter und Kind?

Sind Sie überarbeitet, nervös, müde und abgespannt und sehnen sich nach »Tiefenerholung«? Erkundigen Sie sich bei Ihrem Müttergenesungswerk über Müttervorsorgekuren. Diese können Sie in Anspruch nehmen, um bei Bedarf Ihren Gesundheitszustand zu stärken. Wenn Sie sich für eine solche Kur interessieren, sollten Sie Rücksprache mit Ihrer gesetzlichen Krankenkasse halten, die Ihnen die Kosten für eine derartige Kur ganz oder teilweise ersetzen kann. Bei privat Versicherten sieht es mit der Kostenerstattung hingegen schlechter aus. Grundsätzlich sind Müttervorsorgekuren nicht vorgesehen, sondern – wenn Sie dies vertraglich vereinbart haben – allenfalls medizinisch notwendige Sanatoriumsaufenthalte. Sprechen Sie im Bedarfsfall mit Ihrer Krankenkasse, welche Möglichkeiten Ihr individueller Vertrag zulässt.

Eine Kur lädt Ihre Akkus wieder auf und tut auch Ihrem Kind gut.

! achtung

Völlig unabhängig davon, wer die Kur finanziert, müssen Sie rechtzeitig daran denken, sich auch mit Ihrem Arbeitgeber abzustimmen. Er ist nicht verpflichtet, Sie für eine Kur von Ihrem Job freizustellen. Gegebenenfalls müssen Sie einen Teil Ihres Jahresurlaubs dafür opfern.

Freie Tage fürs kranke Kind

Wenn Sie wieder arbeiten und Ihr Kind dann krank wird und zu Hause betreut werden muss, haben Sie die Möglichkeit, eine vorübergehende Freistellung von der Arbeit zu beantragen. Voraussetzung ist, dass Ihr Kind jünger als 12 Jahre ist und keine andere im Haushalt lebende Person die Betreuung übernehmen kann. Selbstverständlich müssen Sie Ihrem Arbeitgeber in diesem Fall ein ärztliches Attest vorlegen.
Mit einem Kind haben Sie einen Anspruch auf Freistellung an 10 Tagen im Jahr, mit mehreren Kindern erhöht er sich auf maximal 25 Tage. Für berufstätige Alleinerziehende verdoppelt sich der Anspruch jeweils, das bedeutet 20 Tage bei einem, bis zu 50 Tage bei mehreren Kindern unter 12 Jahren.

Wird der Lohn fortgezahlt?

Während Sie von Ihrer Arbeit freigestellt sind, ist Ihr Arbeitgeber nicht dazu verpflichtet, Ihr Gehalt weiter zu bezahlen. Während gesetzlich Versicherte in diesem Fall einen Anspruch auf Kinderkrankengeld haben, bekommen privat Krankenversicherte diesen Verdienstausfall grundsätzlich nicht ersetzt.

Theorie ≠ Praxis

Was die theoretische Zahl der Tage anbelangt, die Sie im Falle der Krankheit Ihrer Kinder zu Hause bleiben können, sind diese gesetzlich festgelegten Regelungen sehr familienfreundlich und großzügig. In der Praxis sieht das Ganze dann schon etwas anders aus. Was Ihr Chef und Ihre Kollegen dazu sagen würden, wenn Sie in beruflichen Stresszeiten darauf pochen, steht auf einem ganz anderen Blatt. Doch leider richten sich die Krankheiten der Kinder normalerweise nicht nach dem Arbeitsaufkommen im Job …
Und so bleibt Ihnen als berufstätiger Frau mit Karriereambitionen vermutlich trotz dieser großzügigen Regelungen oftmals keine Wahl: Ihr hoch fieberndes Kind kann natürlich weder zur Tagesmutter noch in die Krippe, den Kindergarten oder in die Schule gehen. Ihr Partner ist vermutlich ausgerechnet jetzt wieder einmal auf Geschäftsreise. Es bleibt Ihnen also nichts anderes übrig, als schnellstmöglich einen Babysitter aufzutreiben, der dann hoffentlich auch vertrauenswürdig und erfahren genug ist, um mit einem kranken Kind verantwortungsbewusst umzugehen.

Im Falle eines Zweifels

Wenn Sie Zweifel haben, dass der angetretene Babysitter die Situation nicht im Griff hat, sollten Sie die Notwendigkeit Ihres geschäftlichen Termins überdenken. Vielleicht gibt es ja eine Möglichkeit, den Termin etwas zu schieben oder sich vertreten zu lassen. Gerade wenn ein Kind krank ist, sind Notlösungen nicht angebracht. Ihr Sprössling braucht jetzt gute und kompetente Betreuung, bei der er sich wohl und geborgen fühlt.

Was Sie sonst noch bedenken sollten

Lassen Sie sich so bald wie möglich die Geburtsurkunde Ihres Kindes von Ihrem zuständigen Standesamt ausstellen. Sie benötigen sie nun ständig: für alle bisher angesprochenen Anträge auf Leistungen, für

→ Zurück am Arbeitsplatz

auf einen blick

Sie sind schwanger/Ihr Kind ist geboren. Was müssen Sie tun?

✔ Informieren Sie Ihren Arbeitgeber über die Schwangerschaft (siehe Seite 12).

✔ Beantragen Sie Ihr Mutterschaftsgeld bei der Krankenkasse (siehe Seite 67).

✔ Beantragen Sie Erziehungsgeld (siehe Seite 69).

✔ Beantragen Sie Kindergeld (siehe Seite 69).

So sehen Ihre Rechte im Mutterschutz aus:

✔ Arbeitsschutz (z. B. ausreichend Zeit fürs Stillen, siehe Seite 13).

✔ Schutzfrist von 14 Wochen (siehe Seite 13).

✔ Kündigungsschutz (siehe Seite 13).

✔ Unter bestimmten Umständen kann ein Beschäftigungsverbot ausgesprochen werden.

---

die Mitversicherung Ihres Kindes bei der Krankenkasse und für die Änderung der Steuerklasse auf Ihrer Lohnsteuerkarte. Verschaffen Sie sich rechtzeitig einen Überblick über die Leistungen, die Ihnen zustehen, und darüber, wann welche Anträge zu stellen sind. Am besten tragen Sie alle Stichtage in Ihren Kalender ein.

Informieren Sie sich ausführlich bei den zuständigen Antragsstellen über die Unterlagen, die Sie beibringen müssen. Besorgen Sie sich jetzt alle Antragsformulare. Wenn Sie diese bereits vor der Entbindung ausfüllen, müssen Sie später lediglich Namen und Geburtsdatum nachtragen. So vorbereitet werden Sie in Ihrer Mutterschaftszeit mit Ihrem Kinderwagen eher einen grünen Park ansteuern statt sich in einem Amtsgebäude in die Schlange der Wartenden einzureihen.

Tipps vom Steuerberater

Wenn Ihnen ein eigenes häusliches Arbeitszimmer zur Verfügung steht, können Sie die Kosten dafür steuerlich geltend machen. Hier die wichtigsten Bedingungen und Beschränkungen des Finanzamts:

→ Die Kosten für Ihr Arbeitszimmer sind zu 100 Prozent abzugsfähig, wenn Sie ganztägig daheim arbeiten, d.h. wenn Sie praktisch Ihren Beruf zu Hause ausüben.

→ Bis zu ca. 4800 Euro können Sie absetzen, wenn Sie mehr als 50 Prozent Ihrer Tätigkeit in Ihrem Arbeitszimmer erledigen.

→ Dabei versteht man unter Arbeitszimmerkosten die jeweils anteilige Wohnungsmiete, Strom- und Heizungskosten, Hausratversicherung, Putzkosten, Frisch-, Abwasserkosten, Straßenreinigungs- und Müllabfuhrgebühren.

Welche Rechte habe ich?

→ Voll abzugsfähig sind alle Ausgaben, die direkt für das Arbeitszimmer entstehen, z.B. Elektroinstallation, Schönheitsreparaturen, Telefon- und Faxanschluss sowie Büromöbel. Diese Kosten dürfen Sie auch absetzen, wenn Sie weniger als 50 Prozent Ihrer Arbeit zu Hause erledigen.

→ Die räumlich strikte Trennung von Arbeitszimmer und Wohnräumen ist unerlässlich! Das Arbeitszimmer darf kein Durchgangszimmer sein. Möbel als Raumteiler oder ein Vorhang reichen nicht aus, eine Wand aus Gipskarton hingegen wird akzeptiert.

→ Das Arbeitszimmer muss fast ausschließlich beruflich genutzt werden; zulässig ist eine private Nutzung zu 10 Prozent.

Über weitere Details sollten Sie sich eingehend informieren. Dafür gibt es nicht nur Steuerberater, sondern auch reichhaltige Literatur.

Arbeitszimmer & Co: Die steuerlichen Möglichkeiten für Eltern wurden 2002 verbessert.

Betreuungskosten sind absetzbar

Für Eltern wurde eine zusätzliche steuerliche Abzugsmöglichkeit für Betreuungskosten geschaffen. Die Aufwendungen für die Betreuung der Kinder können ab dem Jahr 2002 wieder steuermindernd abgesetzt werden. Voraussetzungen dafür sind, dass die Kosten für die Betreuung anfallen, weil Sie berufstätig sind, und nicht etwa weil Sie während Ihres Sabbaticals auf Weltreise gehen. Ihre Kinder dürfen zu Beginn des Kalenderjahres das 14. Lebensjahr noch nicht vollendet haben oder sind wegen einer Behinderung von Ihrem Unterhalt abhängig. Die Kinder müssen in Ihrem Haushalt leben, das heißt, Sie müssen auch für das Kindergeld oder den Kinderfreibetrag antragsberechtigt sein. Die Kinderbetreuungskosten, die Sie steuerlich geltend machen möchten, müssen im Einzelnen nachgewiesen werden. Abzugsfähig sind beispielsweise die Aufwendungen für Kinderkrippe, Kindergärten, Tagesmutter, Kinderfrau, Aupair, Grundschulhort etc.

Wenn Ihr Kind einen Leistungssport betreibt und somit im täglichen Training drei Stunden betreut ist, können Sie die dabei entstehenden Kosten ebenso wenig absetzen wie dessen Nachhilfe- und Computerkurse. Alle Aufwendungen für Sport und Freizeit oder jegliche Art von Unterricht werden nicht als Betreuungskosten berücksichtigt.

Da der Abzug der Kinderbetreuungskosten nach oben hin begrenzt ist, sollten Sie sich bei Ihrem Steuerberater erkundigen, wo derzeit die Höchstgrenze der abzugsfähigen Kosten in Ihrer speziellen Familiensituation liegt.

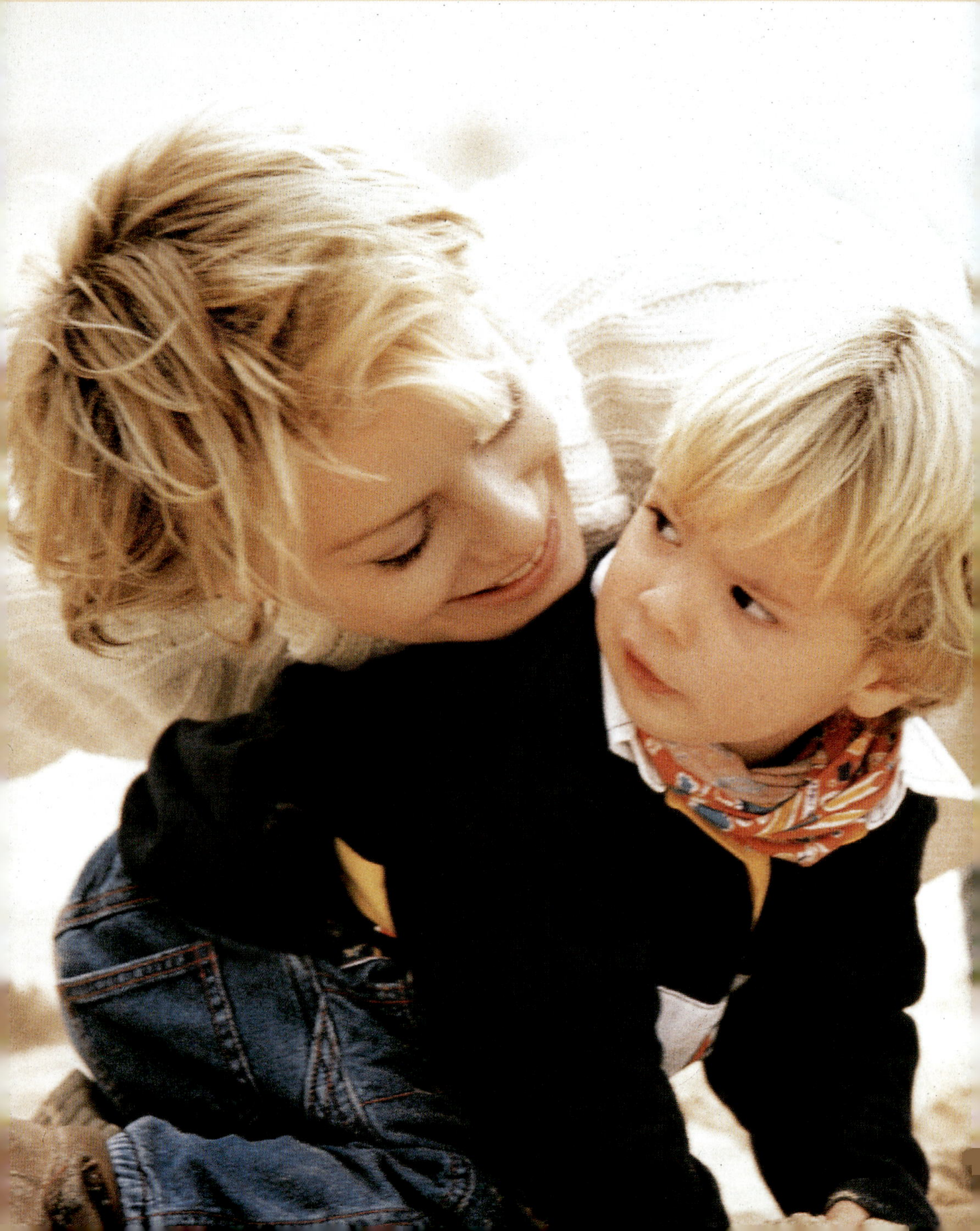

So läuft zu Hause alles bestens

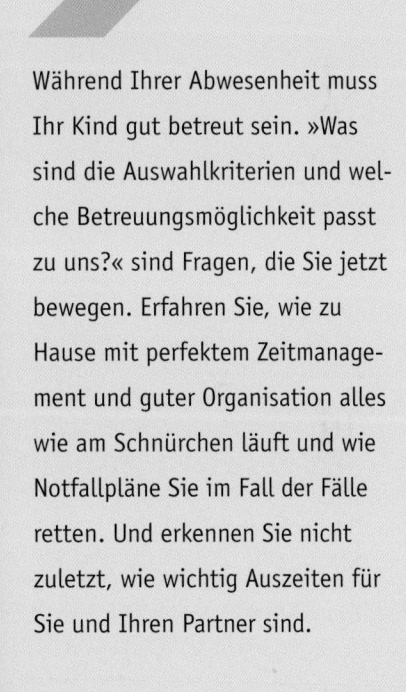

Während Ihrer Abwesenheit muss Ihr Kind gut betreut sein. »Was sind die Auswahlkriterien und welche Betreuungsmöglichkeit passt zu uns?« sind Fragen, die Sie jetzt bewegen. Erfahren Sie, wie zu Hause mit perfektem Zeitmanagement und guter Organisation alles wie am Schnürchen läuft und wie Notfallpläne Sie im Fall der Fälle retten. Und erkennen Sie nicht zuletzt, wie wichtig Auszeiten für Sie und Ihren Partner sind.

interview

Ich will mein Kind gut aufgehoben wissen, nur so kann ich mich voll auf meinen Job konzentrieren. Deshalb sind wir in die Nähe meiner Eltern gezogen, Omi und Opi springen jederzeit gerne ein, wenn es mal brennt. Halbtags geht mein Sohn in eine Kindergruppe, trifft dort seine Freunde, und zweimal in der Woche kommt abends ein Babysitter.

WER SOLL MEIN KIND BETREUEN?

Eine geeignete Kinderbetreuung gefunden zu haben ist die Basis, um als berufstätige Mutter nach der Babypause in Ruhe, mit gutem Gewissen und einem Gefühl der Sicherheit wieder ins Arbeitsleben einsteigen zu können. Erst wenn Sie das sichere Gefühl haben, dass Ihre Kinder in Ihrer Abwesenheit liebevoll und zuverlässig betreut werden, können Sie ohne schlechtes Gewissen zur Arbeit gehen.

Wichtig ist auch hier das Wissen, dass die Fremdbetreuung – wenn Sie gut ausgesucht ist – Ihrem Kind in keiner Weise schaden wird. Im Gegenteil, Kinder, die schon früh Kontakte zu anderen Vertrauenspersonen hatten, entwickeln sich normalerweise genauso gut, manchmal sogar noch besser als solche, die ausschließlich von einer Bezugsperson umsorgt werden.

Gute Betreuung = gutes Gewissen

Es gibt viele verschiedene Betreuungsformen, die für Kinder in unterschiedlichen Altersstufen jeweils mehr oder weniger in Frage kommen. Welche Form der Betreuung nun die beste ist – auf diese Frage gibt es keine allgemeingültige Antwort, denn jedes Kind und jede Situation ist verschieden. Doch auch bei der Suche nach der besten Betreuung für Ihr Kind gilt: Informieren Sie sich so früh und umfassend wie möglich.

Aber je sicherer Sie sind, Ihr Kind in guten Händen zu wissen, umso reibungsloser wird alles funktionieren. Kinder sind mit extrem sensiblen Antennen ausgestattet, sie reagieren äußerst feinfühlig auf Ihre Signale. Alles was Sie als Eltern aussenden, wird von Ihrem Kind wahrgenommen und gespeichert. Sind Sie zufrieden, glücklich und ausgeglichen, so überträgt sich diese Gelassenheit auch auf Ihr Kind. Zweifeln Sie dagegen ständig an Ihren Entscheidungen, dann reagiert auch Ihr Kind unsicher und angespannt.

Grundgedanken

Es besteht eine gewisse Wechselbeziehung zwischen Job und Kinderbetreuung: Auf der einen Seite sind Sie bei öffentlichen Einrichtungen an feste Öffnungszeiten gebunden, andererseits haben Sie durch Ihren Job Zeitvorgaben, nach denen Sie den Betreuungsumfang ausrichten müssen. Es bedarf im Einzelfall einer genauen Sondierung aller Möglichkeiten, aber auch aller Notwendigkeiten.

Jedes Kind ist anders ...

Nicht zuletzt sollten Sie sehr genau darauf achten, was Ihr Kind braucht, um sich gesund entwickeln zu können. Das ist individuell sehr unterschiedlich, zumal in jeder Altersstufe verschiedene Maßstäbe gelten.

Grundsätzlich lässt sich aber sagen, dass Kinder trotz aller Flexibilität auf eine gewisse Beständigkeit angewiesen sind. Sie brauchen Kontinuität und Verlässlichkeit, Stabilität und Harmonie in ihrem täglichen Umfeld. Und sie brauchen natürlich immer jemanden, der emotionalen Halt gibt. Je älter ein Kind ist, umso länger kann es auf die Befriedigung seiner Bedürfnisse warten. Ein Schulkind wird sich selten der Betreuerin im Hort anvertrauen, sondern lieber warten und Ihnen als Mutter abends von seinen Enttäuschungen oder vom Liebeskummer erzählen wollen. Ein Kleinkind dagegen ist darauf angewiesen, dass seine Tagesmutter es in der aktuellen Situation liebevoll umarmt und tröstet.

> **! wichtig**
>
> **Grundregeln für die Auswahl der Kinderbetreuung:**
>
> Je mehr Stunden die Kinder täglich von Dritten betreut werden, umso sorgfältiger müssen die Betreuer ausgewählt werden.
>
> Je jünger die Kinder sind, umso wichtiger ist die Qualität der Betreuung.

checkliste

Die richtige Betreuung

✔ Sie haben sich alles sehr gut überlegt und sind jetzt absolut sicher, die richtige Betreuungsform für Ihr Kind gefunden zu haben.

✔ Ihr Kind fühlt sich sichtlich wohl in seiner Einrichtung bzw. bei seiner Betreuungsperson.

✔ Die ausgewählte Betreuungsperson mag Ihr Kind, und umgekehrt. Und auch Ihnen ist sie sehr sympatisch.

✔ Sie stimmen in groben Zügen mit dem Erziehungsstil überein.

✔ Sie können die geltenden Regeln akzeptieren.

✔ Denken Sie daran, dass Sie sich für einmal getroffene, gut überlegte Handlungen nicht immer wieder rechtfertigen müssen.

... doch alle brauchen Liebe

Für kleine und größere Kinder gilt aber gleichermaßen, dass sie sich jederzeit geliebt fühlen müssen von den Menschen, die sie umgeben. Ob dies der Fall ist und Ihr Kind liebevoll umsorgt wird, lässt sich nicht immer so leicht feststellen. Ein Baby beispielsweise kann Ihnen nicht erzählen, ob es sich einsam und verlassen gefühlt hat oder ob es seinen Bedürfnissen entsprechend liebevoll versorgt wurde. Ältere Kinder können ausdrücken, wenn es ihnen tagsüber nicht gut geht, sie sich unverstanden oder einsam fühlen. Halten Sie die Augen offen: Sie werden als Eltern schnell merken, wenn sich Ihr Kind verändert und sich sichtlich unwohl fühlt. Sie sind unsicher, ob Sie das Verhalten Ihres Kindes richtig interpretieren? Natürlich können Sie bei Ihrem ersten Baby noch nicht auf Erfahrungen bauen, woher sollten Sie diese auch haben? Doch sollten Sie sich in diesem Fall auf Ihr Gespür verlassen.

Spitze Bemerkungen

Wenn Sie wieder an Ihren Arbeitsplatz zurückkehren wollen und Ihr Kind noch sehr klein ist, werden Sie von allen Seiten immer wieder zu hören kriegen: »Ein kleines Kind braucht seine Mutter.« »Wenn Du so viel arbeitest, wird Dein Kind bald mehr an der Betreuungsperson hängen als an Dir.« »Die Nestwärme wird ihm fehlen.« Ob Schwiegermutter, die Spielplatzfraktion oder Krabbelgruppenmütter: Alle wissen immer alles besser und warnen Sie – vermeintlich wohlmeinend. Wahrscheinlich ist auch eine kleine Portion Neid dabei. Neid darauf, dass Sie wieder teilhaben dürfen an der »anderen Welt«. Der Welt, in der man nicht auf den Bus mit dem Kinderwageneinstieg warten muss und in der es völlig unerheblich ist, ob sich Breiflecken aus einer Bluse wieder entfernen lassen.
Und nicht genug damit – Sie wollen ja auch noch beides haben. Damit steht das Urteil fest: Sie sind eine Egoistin – wozu wollten Sie eigentlich Kinder haben, wenn Sie ihnen nicht den ganzen Tag bei ihren vielfältigen, kreati-

ven Spielideen zuschauen und sie gezielt fördern? Bei Ihnen ändert das alles hoffentlich nichts an Ihrer Entscheidung. Doch es lässt sich kaum vermeiden, dass meist doch eine gewisse Unsicherheit bleibt.

Im europäischen Vergleich

Vergessen Sie Ihr schlechtes Gewissen, die Unsicherheit und Ungewissheit! In Frankreich und den skandinavischen Ländern ist die Rate der berufstätigen Mütter sehr hoch (die Geburtenrate ist übrigens auch höher als in Deutschland!), weil es völlig selbstverständlich ist, die Kinder schon ganz früh in Kinderkrippen zu geben. Und dass diese in ausreichender Zahl und guter Qualität vorhanden sind – dafür sorgt der Staat. Kein Mensch dort findet es ungewöhnlich, dass Mütter wieder Ihrem Job nachgehen, ganz im Gegenteil. Hier sind Mütter, die zu Hause bleiben, die Ausnahme. Und natürlich sind die Kinder aus diesen Ländern nicht unglücklicher aufgewachsen als die nur ausschließlich zu Hause betreuten in Deutschland.

Ein Plus an Selbstständigkeit

Hatten Sie selbst eine berufstätige Mutter? Dann wissen Sie, dass Sie nichts Wichtiges entbehrt haben. Vielleicht stand nicht jeden Mittag ein frisch gekochtes Essen auf dem Tisch, wenn Sie aus der Schule kamen – dafür haben Sie gelernt, wie man etwas aufwärmt, selbst kocht und danach wieder für etwas Ordnung in der Küche sorgt. Und wenn Ihre Mutter nicht gleich nach dem Essen mit den Hausaufgaben gedrängelt hat, sondern Sie erst einmal genüsslich eine Pause einlegen konnten, hat Sie das bestimmt auch nicht gestört. Vielleicht haben Sie jetzt noch Kontakt zu Ihrer alten Kinderfrau oder können sich daran erinnern, welchen Spaß Sie mit den anderen Kindern bei der Tagesmutter hatten. Es gibt inzwischen ausreichend Untersuchungen, die belegen, dass fremdbetreute Kinder berufstätiger Mütter sich in keiner Weise nachteilig entwickeln.

Ganz im Gegenteil: Es wurde festgestellt, dass sie in den meisten Fällen besonders selbstbewusst und selbstständig waren. Ganz deutlich zeigt sich auch immer wieder ein großer Vorsprung in den sozialen Kompetenzen. Das soll nicht heißen, dass Kinder, die von der Mutter zu Hause betreut werden, diese Fähigkeiten nicht entwickeln können. Tatsache ist jedoch, dass bei ausschließlicher Betreuung durch die Mutter ausreichend Kontakt zu anderen Kindern gepflegt werden sollte, um so gezielt auf die sozialen Kompetenzen hinzuarbeiten.

Mehrere Bezugspersonen

Werden Sie bitte nicht unsicher, weil Ihr Kind immer weint, wenn es sich abends von seiner Betreuungsperson verabschieden soll. Freuen Sie sich vielmehr, dass es sich wohl fühlt und zu dieser ursprünglich fremden Person ein stabiles und gutes Verhältnis aufgebaut hat. Der Kloß im Hals und Ihre Eifersucht sind zwar durchaus verständlich, aber völlig fehl am Platz. In einem Punkt können Sie sicher sein: Es wird niemals eine Konkurrenz für Sie als Mutter geben. Ihr Kind kann mehrere enge Bezugspersonen haben, die es liebt und denen es vertraut, und wird doch immer wissen und spüren, wer seine Eltern sind.

Ein bisschen wie früher …

Denken Sie doch nur einmal an die Großfamilien von früher, in denen es selbstverständlich war, dass die Kinder auch von Tanten und Großmüttern betreut wurden. Zudem liegen die Vorteile von mehreren Betreuungspersonen auf der Hand: Eine einzige Mutter kann beim besten Willen nicht anders, als ihrem Kind eine recht einseitige Sicht der Dinge zu vermitteln, nämlich ihre eigene. Ist es also nicht sogar viel besser, wenn sich auch andere Menschen um Ihr Kind kümmern? Es bekommt so die Chance, die Welt durch verschiedene Brillen und aus verschiedenen Blickwinkeln zu sehen! Und das ist ein erster Schritt zur Toleranz.

Kinder brauchen Kinder

Ein weiterer Aspekt, der für eine zusätzliche Betreuungsperson mit Kontakt zu anderen Kindern spricht, ist die Tatsache, dass jedes Erstgeborene für eine Weile Einzelkind ist. Zur gesunden Entwicklung von Kindern gehört aber auch, dass sie mit anderen Kindern zusammenkommen. Kein Erwachsener und kein noch so perfekt ausgestattetes Kinderzimmer kann den Kontakt mit Gleichaltrigen ersetzen. Kinder brauchen andere Kinder, um sich aneinander auf gleicher Ebene zu messen, sich zu reiben und von einander zu lernen. Nur so können sie ihre sozialen Fähigkeiten entwickeln.
Machen Sie sich also immer wieder klar, dass Sie Ihrem Kind auch etwas Gutes tun, wenn Sie ihm die Chance geben, mit anderen Gleichaltrigen zusammen aufzuwachsen. »Teilzeitgeschwister« bei der Tagesmutter oder in einer kleinen Krippe, enge Freunde im Kindergarten und Kumpel in der Schule sind ein wichtiger Bestandteil im Leben eines Kindes. Enthalten Sie ihm diesen nicht vor.
Doch nun noch kurz zu Ihnen: Es gibt genügend Argumente, die für die Betreuung Ihres Kindes durch Dritte sprechen, und Sie haben sich die Entscheidung und die Auswahl dieser Personen nicht leicht gemacht. Sie müssen sich nun nicht immer wieder für etwas rechtfertigen, das Sie für richtig halten und sorgfältig geplant und ausgeführt haben.

Auswahlkriterien für die Kinderbetreuung

Grundsätzlich müssen Sie sich entscheiden, ob Ihr Kind auch in Ihrer Abwesenheit in seiner gewohnten Umgebung bleiben soll, also zu Hause betreut werden soll, oder ob Sie es zur

> **! wichtig**
>
> Sie können sicher sein, dass Ihre Kinder Sie nicht vergessen. Sie kennen bestimmt die Begeisterung, mit der sich kleine Kinder ihrem Vater an den Hals werfen, wenn er nach mehrtägiger Abwesenheit nach Hause kommt. Er ist nicht vergessen worden und wird nicht weniger geliebt, auch wenn er nur sehr wenig Zeit mit seinen Kindern verbringt.

Wer soll mein Kind betreuen?

Betreuung außer Haus bringen wollen. Das Alter, in dem die Fremdbetreuung einsetzen soll, ist für die Klärung dieser Frage ein wichtiger Maßstab und sollte Ihre Entscheidung maßgeblich beeinflussen.
Weitere Fragen, die Sie sich stellen sollten, bevor Sie sich für die eine oder andere Form der Kinderbetreuung entscheiden, sind: Wie robust ist Ihr Kind? Fühlt es sich in dem Trubel wohl, der entsteht, wenn mehrere Kinder miteinander spielen? Oder ist Ihr Kind eher ein Typ, der Ruhe und ungeteilte Aufmerksamkeit braucht, die ihm nur zuteil werden kann, wenn es einzeln betreut wird? Ist Ihr Kind häufig krank? Blüht es vielleicht in Gegenwart anderer Kinder förmlich auf?

Details nicht unterschätzen!

Nachdem Sie all das frühzeitig geklärt haben, sollten Sie sich ebenso viel Zeit nehmen, nach einer passenden Betreuung zu suchen. Je genauer Sie sich jetzt umsehen, umso leichter fällt Ihnen nachher die Entscheidung und umso sicherer sind Sie, die richtige Wahl für Ihr Kind getroffen zu haben.
Sie haben sich frühzeitig überlegt, welche Betreuungsform für Ihr Kind am besten passt. Prüfen Sie, ob die jeweiligen Öffnungszeiten mit Ihren Arbeitszeiten übereinstimmen – die beste Betreuung nützt Ihnen nämlich nichts, wenn täglich zwei Stunden Betreuungszeit fehlen. Ebenso wichtig: Ist die Entfernung vom Wohnort zum Ort der Kinderunterbringung – auch im Winter – für alle zumutbar? Bedenken Sie die täglichen Wegstrecken, die Sie beim Bringen und Holen zurücklegen müssen. Idealerweise bringen Sie Ihr Kind

Mit Freunden spielen macht nicht nur Spaß, sondern trainiert auch das Sozialverhalten.

möglichst in der Nähe Ihrer Wohnung oder in der Nähe des Arbeitsplatzes unter.
Es gibt darüber hinaus aber noch weitere wichtige Rahmenbedingungen, die Ihr Leben später enorm erleichtern können: Sorgen Sie für ein Netz von mehreren Betreuungspersonen, damit Sie im Notfall auch einmal ausweichen können, ohne dass Ihre Organisation ins Wanken gerät. Legen Sie sich zudem eine Liste mit »Notfall-Telefonnummern« an, damit Sie im akuten Fall nicht erst noch das Telefonbuch wälzen müssen. Und nicht zuletzt: Wie sieht es mit der Betreuung in finanzieller Hinsicht aus? Wie steht es um Ihre finanziellen Möglichkeiten? Passt die Betreuungsform zu Ihrem Portemonnaie oder wird sie vielleicht sogar vom Staat gefördert? Erkundigen Sie sich rechtzeitig über mögliche Zuschüsse.

checkliste

Diese Fragen sollten Sie sich vor der Suche nach einer geeigneten Kinderbetreuung stellen:

- ✔ Wie alt wird Ihr Kind sein, wenn Sie wieder in Ihren Job einsteigen?
- ✔ Wie viele Stunden täglich beabsichtigen Sie zu arbeiten?
- ✔ Wie viele Stunden täglich muss Ihr Kind von anderen betreut werden (Wichtig: die Hol- und Bringzeiten nicht vergessen)?
- ✔ Wollen Sie die Betreuung zu Hause oder außer Haus organisieren?
- ✔ Soll Ihr Kind allein oder in einer kleinen Gruppe betreut werden?
- ✔ Sind Verwandte oder Fremde besser als Betreuungspersonen geeignet?
- ✔ Könnte Ihr Partner zeitweise die Betreuung übernehmen (Elternzeit auch für Väter)?
- ✔ Wer könnte Sie bei den Hol- und Bringdiensten entlasten?
- ✔ Hat Ihre Planung für mindestens ein Jahr Bestand?

Bedenken Sie: Das Beste für Ihr Kind ist eng gekoppelt an das Machbare für die finanzierenden Eltern. Und andersherum ist das Teuerste nicht immer unbedingt das Beste für jedes Kind. Wägen Sie also ab, lassen Sie sich so viel Zeit wie möglich bei der Suche und vertrauen Sie in der Entscheidungsphase ganz Ihrem Gefühl.

Hören Sie auf Ihre Intuition!

Die Wellenlänge zwischen Ihnen und den Betreuern muss stimmen, und mit etwas Übung erkennen Sie auch recht schnell, wo und bei wem Ihr Kind sich wohl fühlt. Achten Sie bei Ihrer Suche auch auf die Grundstimmung, die im Haushalt der Tagesmutter, in der Kinderkrippe oder dem Kindergarten herrscht. Wie Sie aus Ihrer Erfahrung im Job wissen, lebt und arbeitet es sich leichter und besser, wenn die Stimmung gut ist. Das gilt auch für die professionellen Betreuer.
Ein grundsätzlicher Gedanke: Sie geben jeden Tag für einige Stunden das liebste, wichtigste und einzigartige Wesen aus den Händen und vertrauen es jemandem an, von dem Sie unbewusst erwarten, dass er Ihrem Kind gegenüber genauso empfindet wie Sie. Bei nüchternem Nachdenken wird klar, dass der Betreuer gar nicht in gleicher Weise für jedes Kind empfinden kann. Auch für die besten Betreuer wird die Arbeit mit Kindern nach einigen Jahren zur Routine: Es gibt Verhaltensmuster bei Kindern, die den Profis bekannt sind; dementsprechend sind für sie der erste Zahn oder die ersten Schritte längst nicht so faszinierend wie für Sie als Eltern.
Aber ohne Begeisterung für die wertvollen Anregungen, die von Kindern ausgehen, kann niemand auf Dauer wirklich gute Arbeit im täglichen Umgang mit ihnen leisten. Versuchen Sie durch Fragen und durch Beobach-

tung herauszubekommen, welche Beweggründe bei Ihrer Betreuungsperson dahinter stehen, diesen anstrengenden Job auszuüben.

Ein Vertrag hilft beim Vertragen

Verträge werden geschlossen, um bereits im Vorfeld Streit um Unklares zu vermeiden. Je genauer jede Eventualität im Vertrag beschrieben und ausgeführt ist, umso weniger Spielraum bleibt später für Streit und umso mehr sind Sie auf der sicheren Seite.

Verträge mit Dienstleistern

Bei eher persönlichen, privaten Betreuungsmodellen wird es Ihnen vielleicht unangenehm sein, über Kündigungsfristen nachzudenken oder darüber, ob Sie das Betreuungsgeld am Monatsanfang oder am Monatsende überweisen sollen. Tagesmütter und private Einrichtungen greifen gern auf Musterverträge zurück, die dann auf den Einzelfall zugeschnitten und ergänzt werden können.
In öffentlichen Einrichtungen werden Sie immer einen Betreuungsvertrag unterschreiben müssen, in dem vieles, was Ihnen selbstverständlich oder auch rätselhaft erscheinen mag, genau festgelegt ist. Das reicht von den täglichen Öffnungszeiten über Urlaubsregelungen und in manchen Fällen sogar bis hin zum Inhalt der Frühstücksbox.

Sie selbst als Arbeitgeber

Wenn Sie selbst jemanden für die Betreuung Ihres Kindes einstellen, liegt es bei Ihnen, ob Sie einen Vertrag abschließen möchten. Der Vertrag muss aber auf jeden Fall so formuliert sein, dass beide Parteien einverstanden sind und dass keine der Parteien Nachteile zu befürchten hat.
Natürlich lässt sich nicht alles vertraglich im Voraus regeln. Im konkreten Fall ist es dann ganz besonders wichtig, kleine Unstimmigkeiten so schnell wie möglich aus dem Weg zu räumen. Dazu ist allerdings das »Zwischen Tür und Angel«-Gespräch nicht gut geeignet. Besser ist es, Sie vereinbaren einen Gesprächstermin, bei dem Sie nicht gestört werden. So ein Gespräch kann natürlich auch in aller Ruhe am Telefon stattfinden. Machen Sie es sich zur Regel, Dinge, die Sie stören, möglichst unverzüglich anzusprechen. Aufgestauter Ärger ist keine Grundlage für ein gesundes und verträgliches Arbeitsverhältnis. Achten Sie aber bitte darauf, dass Ihr Kind keine Diskussionen oder Auseinandersetzungen zwischen Ihnen und der Betreuungsperson mithört. Es würde dadurch nur verunsichert oder könnte später sogar versuchen, Sie gegeneinander auszuspielen.

Musterverträge

Damit Sie absehen können, was an Verträgen auf Sie zukommt, möchten wir Ihnen nachfolgend einige Vertragsmuster vorstellen. Dabei handelt es sich zum einen um einen Mustervertrag, wie Sie ihn erstellen sollten, wenn Sie eine private Mittagsbetreuung nach der Schule organisieren möchten. Zum anderen folgt ein Vertragsmuster, das für Sie relevant wird, wenn Sie selbst zum Arbeitgeber werden möchten und eine Kinderfrau für die Kinderbetreuung einstellen.

mustervertrag

Eltern-Vertrag für Mittagsbetreuung

Die Elterninitiative »XXXXXX« und

Frau/Herr   *Kinderlieb*
Straße   *Fröhlichstraße 1*
PLZ, Stadt   *88888 Glücksstadt*
Tel.   *12.34.56*

schließen folgenden Vertrag für die Betreuung des Kindes

Basti Kinderlieb, 24.12.19XX

- Das Kind wird ab *September 200X* in die Mittagsbetreuung aufgenommen.
- Die Mittagsbetreuung findet an Schultagen von ca. *11.00 Uhr bis ca. 14.30* Uhr statt.
- Die Gruppe bleibt während der Schulferien vorläufig geschlossen.
- Im Falle von Abwesenheit und Krankheit des Kindes wird der/die Betreuer/Betreuerin benachrichtigt.

Elternbeiträge

Beitrag
Für den Besuch des Kindes sind von *September bis August* im Voraus jeweils zum 3. des Monats für den laufenden Monat folgende Gebühren zu entrichten: *Euro 60,–* für die Betreuung, unabhängig von der tatsächlichen Anwesenheit des Kindes. Die Gebühren für ein Geschwisterkind betragen *Euro 50,–*. Die Beträge sind monatlich per Dauerauftrag zu überweisen.

Spielgeld
Das Spielgeld beträgt *Euro 10,–*. Diese Summe wird zusammen mit dem Betrag für die Betreuung überwiesen.

Kaution
Bei der Aufnahme ist eine Kaution von *Euro 125,–* für das erste Kind und jeweils *Euro 100,–* für weitere Geschwisterkinder auf das Konto der Gruppe zu hinterlegen. Von der Kaution werden *Euro 50,–* für die Elterninititative einbehalten. Der Rest der Kaution wird nach fristgemäßer Kündigung (d. h. drei Monate vor Austritt) zurückgezahlt. Die bis dahin angefallenen Zinsen werden der Elterninitiative gutgeschrieben.

Elternarbeit
Mit der Aufnahme des Kindes in die Gruppe verpflichten sich die Eltern an den Elternabenden teilzunehmen und den anfallenden organisatorischen Aufgaben nachzukommen. Diese Arbeiten bestehen hauptsächlich aus der Gestaltung des Gruppenraums, Bereitschaftsdienst nach Absprache bei Krankheit einer Bezugsperson und bei eventuell anfallenden Reinigungsarbeiten.

Versicherungsschutz
Für den Besuch der Mittagsbetreuung besteht kein gesetzlicher Unfallversicherungsschutz und keine Haftpflichtversicherung; das Kind muss bei seinen Eltern mitversichert sein. Eine Unfall- und Haftpflichtzusatz-Versicherung für die Kinder wird über die *XYZ-Versicherung* abgeschlossen.

Laufzeit und Kündigung
Der Vertrag gilt für das ganze *Schuljahr 200X/200X* (inkl. Sommerferien). Die Kündigungsfrist beträgt drei Monate. Eine Kündigung ist nur zum Ende eines Monats möglich. Der Vertrag verlängert sich jeweils um ein Schuljahr, wenn nicht bis zum 31. Mai des laufenden Kalenderjahres schriftlich gekündigt wird. Eine Kündigung zum 30. Juni bzw. 31. Juli ist nicht möglich. Der Besuch der Mittagsbetreuung endet spätestens mit Ablauf des 4. Schuljahres beim Übertritt in eine höhere Schule. Die Elterninitiative kann den Vertrag vorzeitig kündigen, wenn ein Elternteil seinen durch diesen Vertrag übernommenen Verpflichtungen nicht nachkommt.

Besondere Vereinbarungen
Änderungen der Bestimmungen sind möglich. Diese werden auf einer Mitgliederversammlung, zu der alle Mitglieder eingeladen werden müssen, mit 2/3 Mehrheit verpflichtend beschlossen. Die Änderung bedarf der Schriftform und gilt als Vertragsbestandteil.

Bankverbindung
Die Kaution sowie die Beiträge werden zum 3. des jeweiligen Monats fällig und sind per Dauerauftrag auf unser Konto bei der *XXX-Kasse* zu überweisen.

Ort, Datum

Für die Elterninitiative   Erziehungsberechtigte(r)

mustervertrag

Anstellungsvertrag für eine Kinderfrau

Zwischen   *Frau Kinderfrau*
Fröhlichstraße 1
88888 Beispielstadt

und   *Familie Kinderreich*
Spielstraße 1
88888 Beispielstadt

I. Aufgabengebiet/Beginn des Vertrags

(1) Das Aufgabengebiet umfasst den gesamten Aufgabenbereich einer Kinderfrau. Neben der Betreuung der Kinder gehören auch leichtere Erledigungen im Haushalt sowie die Zubereitung der Mahlzeiten für die Kinder in ihren Verantwortungsbereich.

(2) Die Aufnahme der Tätigkeit erfolgt zum *1. Mai 2002*

II. Probezeit

(1) Die ersten drei Monate der Arbeitsverhältnisses werden als Probezeit vereinbart.

(2) Innerhalb der Probezeit haben beide Seiten das Recht zur Kündigung mit einer Frist von einem Monat zum Ende des Monats ohne Angabe von Gründen.

(3) Macht keiner der Vertragsschließenden von dem Recht der Kündigung Gebrauch (Abs. 2), so wird das Vertragsverhältnis auf unbestimmte Zeit fortgesetzt.

III. Arbeitszeit

(1) Die wöchentliche Arbeitszeit beträgt *40 Stunden*.

(2) Die Lage der Arbeitszeit und deren Verteilung auf die einzelnen Wochentage wird von Familie Kinderreich in Abstimmung mit Frau Kinderfrau bestimmt. Frau Kinderfrau erklärt sich damit einverstanden, ihre Arbeitszeiten – soweit möglich – auch kurzfristig nach den Bedürfnissen von Familie Kinderreich zu ändern. Auch eine Betreuung über längere Zeiträume, ggf. mit Übernachtungen, sollte nach ausreichender Ankündigung möglich sein.

IV. Vergütung

(1) Das Monatsgehalt beträgt brutto *Euro XXXX,–*

(2) Weihnachtsgeld: Sofern das Arbeitsverhältnis bis mindestens 31. Dezember eines Kalenderjahres besteht, erhält Frau Kinderfrau mit dem Monatsgehalt November ein Weihnachtsgeld in Höhe eines Monatsgehalts; im Eintrittsjahr anteilig.

V. Urlaub

Pro Kalenderjahr besteht ein Anspruch von 28 Arbeitstagen. Die Wartezeit beträgt drei Monate.

VI. Dauer des Vertrags/Kündigung

(1) Dieser Vertrag wird auf unbestimmte Dauer geschlossen.

(2) Das Vertragsverhältnis kann von den Vertragsschließenden mit einer Frist von sechs Wochen zum Schluss eines jeden Kalendervierteljahres gekündigt werden. Verlängert sich die Kündigung aus Grund gesetzlicher Bestimmungen für einen der Vertragsschließenden, so gilt die Verlängerung auch für den anderen Vertragspartner. Die Kündigung bedarf der Schriftform.

VII. Schlussbestimmungen

(1) Änderungen und Ergänzungen dieses Vertrags bedürfen der Schriftform.

(2) Mündliche Nebenabreden sind nicht getroffen.

(3) Sollte eine Bestimmung dieses Vertrags ungültig sein oder werden, so wird die Gültigkeit des Vertrags im Übrigen dadurch nicht berührt.

(4) Auf diesen Vertrag findet deutsches Recht Anwendung.

(5) Erfüllungsort und Gerichtsstand ist *Beispielstadt*.

Beispielstadt, 1. April 2002,

_____   _____
Frau Kinderfrau   *Familie Kinderreich*

interview

Ich wusste, ich wollte wieder arbeiten, und ich wusste auch schon ganz genau, wann das sein sollte. Nur hatte ich keine Ahnung, wem ich meine einjährige Tochter anvertrauen sollte. Die eine Freundin schwor auf ihr Aupairmädchen, die andere schwärmte von der Kinderkrippe. Als dann noch eine Bekannte von den Vorzügen ihrer Kinderfrau erzählte, wusste ich nicht mehr, was für uns das Richtige war. Ich hätte mir damals einen Überblick gewünscht, um die Vor- und Nachteile abzuwägen.

BETREUUNG VON A BIS Z

Während früher vor allem die Familie einsprang, steht berufstätigen Müttern heute eine Vielzahl von Betreuungsmöglichkeiten zur Auswahl. Aber dann gilt: Wer die Wahl hat, hat die Qual. Doch die Qual lässt sich minimieren, wenn ausreichend Informationen zu den verschiedenen Betreuungsmöglichkeiten vorliegen und diese gegeneinander abgewägt werden können.

Aupairmädchen/-junge

Aupairs kommen aus dem Ausland mit der Intention, Sprache und Kultur im Gastgeberland kennen zu lernen und sich durch Mithilfe im Haushalt und bei der Kinderbetreuung ein Taschengeld von etwa 200 Euro monatlich zu verdienen. Meist leben sie ein halbes bis ein Jahr im Haushalt ihrer Gastfamilie.

Grundsätzliches

Aupairs sind in der Regel zwischen 18 und 25 Jahre alt und dementsprechend unerfahren und unbedarft. Wenn Sie jemanden suchen, der Sie in Familie und Haushalt unterstützt, liegen Sie mit dieser Lösung richtig. Aupairs sind jedoch niemals ein vollständiger Ersatz für Ihre eigene Arbeitskraft.
Grundsätzlich haben Sie für Kost und Logis, eine Fahrkarte für die öffentlichen Verkehrsmittel sowie für die Krankenversicherung Ihres Aupairs zu sorgen. Sinn und Zweck des »Unternehmens Aupair« ist es aber auch, Land und Leute kennenzulernen.

Ein Gast, der Ihnen hilft

Man sollte sie wie willkommene Gäste in die eigene Familie aufnehmen und ihnen Besonderheiten, Sprache, Schönheit und charakteristische Eigenheiten des Gastlandes und seiner Bewohner näher bringen. Als Gegenleistung hilft Ihr Aupair etwa 30 Stunden wöchentlich bei leichteren Hausarbeiten und der Kinderbetreuung. Zusätzlich passt es oder er an zwei bis drei Abenden in der Woche auf Ihre Kinder auf. Im Einzelfall müssen Sie genau abklären, ob Ihr Aupair die Verantwortung für Ihr Kind tragen kann, denn oft sind sie selbst noch sehr jung oder haben Heimweh.

Die Vermittlung

Normalerweise müssen Sie einen Vertrag mit einer Vermittlungsstelle abschließen, ohne Ihren neuen »Familienzuwachs« vorher persönlich gesehen zu haben. In vielen Fällen klappt alles trotzdem ganz hervorragend. Hat man erst einmal ein gutes Aupair gehabt, reiht sich häufig eine Empfehlung an die nächste und die weitere Suche erübrigt sich: Im zweiten Jahr kommt die Cousine des ersten Aupairs, im nächsten vielleicht der Bruder ihrer besten Freundin und so weiter.
Es gibt feste Stundenzahlen, die ein Aupair arbeiten darf, und wenn Sie Teilzeit arbeiten, kann das bereits ausreichen, um Ihre Kinder in Ihrer Abwesenheit immer gut versorgt zu wissen. Ein großer Vorteil dieser Betreuungsvariante liegt darin, dass Ihr Aupair auch einmal kurzfristig einspringen kann, wenn Sie unvorhergesehene Termine haben. Sie können außerdem sehr genau festlegen, was mit Ihrem Kind während Ihrer Abwesenheit unternommen werden soll.

> **bitte bedenken**
>
> Kleinere Kinder, die den ganzen Tag zu Hause sind, gewöhnen sich sehr schnell an ihr Aupair und schließen es ganz in ihr Herz. Wenn Sie allerdings ganztags arbeiten und dem Au Pair die Betreuung komplett überlassen, kann es passieren, dass die Kinder unglücklich sind, wenn der jährliche Wechsel ansteht.
> Kontinuität ist besonders für jüngere Kinder sehr wichtig, wobei es weniger ein Problem ist, wenn sie abwechselnd von mehreren konstanten Bezugspersonen betreut werden.

In vielen Fällen gehört das Aupair nach einiger Zeit voll zur Familie. Das ist auf der einen Seite schön für die Kinder, die ihr Aupair lieben, auf der anderen Seite schwierig, wenn es ans Abschiednehmen geht.

Entlastung oder zusätzliches Kind?
In der Regel kommt ein Aupair direkt nach Abschluss der Schulausbildung zu Ihnen. Es hat also keinerlei Ausbildung und Erfahrung im pädagogischen oder pflegerischen Bereich. Ein kleiner Hinweis für das Interesse an kleinen Kindern kann sein, dass der/die Bewerber/-in sich zu Hause schon um jüngere Geschwister gekümmert hat oder sonstige Erfahrung mit kleinen Kindern mitbringt. Hier ist also Ihr Gespür gefragt, anhand der Unterlagen jemanden herauszufiltern, der wirklich Interesse an Kindern hat.

Alles braucht seine Zeit
Natürlich ist niemandem geholfen, wenn Kind und Aupair keinen Gefallen aneinander finden und die Zeit missmutig miteinander oder nebeneinander her verbringen.
Planen Sie am besten einige Wochen für die Eingewöhnung und das Anlernen ein, ehe Sie wieder voll in Ihren Job einsteigen. Zu Beginn des Aufenthalts werden die Sprachkenntnisse Ihres Aupairs wahrscheinlich noch zu wünschen übrig lassen. Oft kann man sich jedoch mit Händen und Füßen ganz gut über Sprachgrenzen hinweg unterhalten.

Eine kostengünstige Lösung

Für die stundenweise Betreuung von Kindern ist ein Aupair eine sehr gute Lösung. Im Verhältnis zur geleisteten Arbeitszeit ist das Aupair aber auch eine der kostengünstigsten Varianten der Kinderbetreuung.

Für ältere Kinder können sie auch eine wunderbare Ergänzung zur Kinderfrau, der Tagesmutter oder dem Grundschulhort sein. So können zu kurze Betreuungszeiten in anderen Einrichtungen ergänzt werden, und Sie haben in jedem Fall eine »Feuerwehr«, wenn es zeitlich wieder einmal knapp wird. Doch ein Aupair hat auch noch andere Vorteile. Stellen Sie sich vor, die Spülmaschine ist immer ausgeräumt, wenn Sie nach Hause kommen, jeden Morgen ist der Frühstückstisch gedeckt und Ihr Kind schnappt »im Vorübergehen« schon die ersten englischen Vokabeln auf. Ihr Kind lernt auf diese Weise früh Menschen aus anderen Kulturen kennen und kommt, genau wie Sie, mit anderen Sprachen in Kontakt.

Kinderkrippe

Die meisten stellen sich noch heute unter einer Krippe einen ungemütlichen Raum mit gestrengen Kinderschwestern vor, welche die Kinder nach festem Zeitplan nur mit dem Nötigsten versorgen. Das war vielleicht vor einigen Jahrzehnten so, als es sich für eine gute Hausfrau noch gehörte, zu Hause die Familie zu versorgen. Abgesehen von einem sehr geringen Prozentsatz von Akademikerinnen oder Frauen mit höherer Schulbildung gingen damals nur Frauen, die keine andere Wahl hatten, arbeiten. In dieser Zeit entstand das Image der Kinderkrippe als einer »Aufbewahrungsstation« für Kinder.

Beileibe kein alter Hut ...

Das Bild stellt sich heute komplett anders dar. Kinderkrippen sind kindgerecht schön eingerichtete Räume. Es gibt Kuschelecken, Tobemöglichkeiten und Ruheräume für das Schlafbedürfnis der Kleinen.

> ### hintergrund
>
> Die Krippen waren früher – und sind es noch heute – ausschließlich für die Betreuung der Kinder von berufstätigen Frauen gedacht. Im Gegensatz zum Kindergarten, den heute fast jedes Kind besucht, käme wohl keine Mutter auf die Idee, Ihr Kind während Ihres Erziehungsurlaubs in eine Krippe zu geben. Durch diese Zweckbestimmung von Anfang an sind die Öffnungszeiten der Krippen sehr arbeitnehmerfreundlich. Viele sind schon um 7 Uhr morgens geöffnet und schließen erst um 19 Uhr. Das kann allerdings eine Betreuung im Schichtdienst zur Folge haben, sodass sich Ihr Kind unter Umständen an mehrere Betreuer/Betreuerinnen gewöhnen muss. Die meisten Kinder haben damit jedoch keine Schwierigkeiten.

So läuft zu Hause alles bestens

Selbst die ganz Kleinen nehmen schon bald Kontakt zueinander auf.

Die Kinderkrippe ist gedacht für Kinder im Alter zwischen null und drei Jahren und soll die Betreuungslücke abdecken, die vor dem Eintritt in den Kindergarten vorhanden ist. Der Begriff Kinderkrippe hat heute einen merkwürdigen, beinahe negativen Beigeschmack. Und das zu Unrecht. Doch wenn Sie kundtun, dass Sie Ihr zwei Monate altes Kind in eine Krippe geben möchten, werden Sie sicherlich die ganze Bandbreite an existierenden Vorurteilen zu hören bekommen.

... sondern ein schöner Platz für die Kleinsten

Kinderkrippen werden immer von pädagogisch ausgebildetem Personal geführt, in der Regel arbeiten pro Gruppe mit etwa acht Kindern eine Erzieherin und eine Kinderpflegerin. Als Träger fungieren häufig Wohlfahrtsverbände wie zum Beispiel die Caritas, die Kirchen oder die Kommunen. Diese Einrichtungen sind dann meist hoch subventioniert und können dadurch die Kosten für die Eltern relativ gering halten.

Die allermeisten Kinder fühlen sich in ihrer Kinderkrippe sehr wohl. Schon ganz klein genießen sie das Zusammensein mit ihresgleichen sehr. Sie können zwar noch nicht im klassischen Sinn miteinander spielen, doch beobachten sie sich in ihrem Tun und lernen dabei eine ganze Menge.

Die Auswahl

In jedem Fall lohnt es sich, verschiedene Krippen zu besuchen. Sie erweitern so Ihren Blickwinkel und können besser und schneller einschätzen, wo Ihr Kind sich wohl fühlen könnte und wo eher nicht. Meist erfolgt die Vergabe von frei gewordenen Plätzen nach sozialen Kriterien, wobei Kinder von Alleinerziehenden hier Vorteile haben.

Nach wie vor gibt es allerdings viel zu wenig Plätze in öffentlichen Kinderkrippen.

Sie sollten sich die Zeit nehmen, die in Frage kommenden Kinderkrippen selbst in Augenschein zu nehmen. Sie werden verwundert sein, wie dort ein ganz normaler Tag abläuft, und Sie werden staunen, wie positiv sich mehrere Kleinkinder in einer Gruppe zueinander verhalten. So gesehen handelt es sich bei den Krippen um eine gute und kostengünstige Möglichkeit, die Kleinen professionell während der Arbeitszeit betreuen zu lassen – wenn man einen Platz bekommt ...

Krippenplätze – rar und heiß begehrt

Was die Verfügbarkeit von Krippenplätzen angeht, leben wir in Deutschland noch immer in einem Entwicklungsland. Trotz vielfältiger Beteuerungen der unterschiedlichen Regierungen, dass der Staat alles tun wird, um die Berufsmöglichkeiten von Müttern zu verbessern – es passiert fast nichts!

In den Großstädten liegt die Versorgung mit Krippenplätzen bei höchstens 20 Prozent und auf dem Land gibt es nicht selten keine einzige Einrichtung in erreichbarer Nähe. Selbst in Städten ist die Nachfrage nach Plätzen deutlich höher als das Angebot. Wer nicht ganz dringenden Bedarf nachweisen kann, hat kaum eine Chance. Selbst in den neuen Bundesländern, wo das Angebot an Krippenplätzen auch nach der Wende viel größer war, wird inzwischen an allen Ecken und Enden gespart. Die Folge ist, dass reihenweise Krippen geschlossen worden sind – und der Prozentsatz der berufstätigen Mütter sinkt nicht zuletzt deshalb stetig mit. In vielen anderen europäischen Ländern, allen voran Skandinavien und Frankreich, ist die Versorgung bekanntermaßen deutlich besser. Dort wird es als Aufgabe des Staates gesehen, ausreichend Betreuungsplätze zu schaffen. Und der Staat erfüllt dort seine Aufgabe: Die Organisation der erstklassigen Versorgung von Kindern berufstätiger Eltern wird ernst genommen und realisiert – und nicht wie in Deutschland auf die Familien abgewälzt.

Sie können sich darauf einstellen, dass die Wartelisten der Kinderkrippen in der Regel sehr lang sind. Deshalb ist es durchaus üblich, die Kinder schon vor der Geburt anzumelden.

Private Kinderkrippe

Private Kinderkrippen werden von Einzelpersonen gegründet. In der Regel müssen sie ohne öffentliche Fördermittel auskommen, und das bedeutet sehr hohe finanzielle Aufwendungen durch die Eltern.

Die Atmosphäre ist oft sehr familiär, ähnlich wie bei einer Tagesmutter. Ein weiterer Vorteil privater Krippen liegt darin, dass hier keine eigenen Kinder mitbetreut werden und dadurch Benachteiligungssituationen vermieden werden. Das Verhältnis zwischen Eltern

checkliste

Vorteile und Nachteile der Betreuung in einer Gruppe

- ✔ Ihr Kind hat immer Spielkameraden.
- ✔ Manchmal entwickeln sich feste Freundschaften.
- ✔ Haben Sie einen Platz ergattert, dann ist er Ihnen sicher, solange Ihr Kind sich wohl fühlt.
- ✔ Sie müssen sich nach den Öffnungszeiten richten.
- ✔ Ist Ihr Kind krank, dürfen Sie es nicht in die Krippe bringen.
- ✔ Sie haben meist wenig Einfluss auf das Tagesgeschehen.

und Erziehern ist sehr viel enger als in normalen Kinderkrippen. Doch anders als in Elterninitiativen haben die Eltern kaum ein Mitspracherecht, was eine große Entlastung sein kann. Wenn Sie einen guten Draht zu den Betreuungspersonen haben und sicher sind, dass Ihr Kind gut aufgehoben ist, dann ist diese Form eine wunderbare Lösung.

Rechte und Pflichten
Ein gutes Verhältnis gründet sich auch darauf, dass beide Seiten zuverlässig zusammenarbeiten. Für Sie als Eltern bedeutet das, dass Sie vereinbarte Zeiten so genau wie möglich einhalten. Sie werden dann sicher auf Verständnis stoßen, wenn Sie telefonisch Bescheid sagen, falls Sie sich doch einmal verspäten.
Wenn Sie pünktlich das vereinbarte Betreuungsgeld zahlen und hin und wieder ein paar Blümchen mitbringen, zeigen Sie damit auch, dass Sie die geleistete Arbeit hoch schätzen und anerkennen. Diese Grundregel gilt natürlich für jede Beherbergung Ihres Kindes bei fremden Betreuungspersonen.

Kinderfrau

Wenn Sie eine Kinderfrau engagieren, werden Sie damit selbst zum Arbeitgeber. Das hat Vorteile, bringt jedoch auch eine Menge Pflichten mit sich und hat seinen Preis. Es müssen Verträge abgeschlossen und Versicherungen sowie Steuern bezahlt werden.
Diese Form der Kinderbetreuung gehört zu den teuersten. Kinderfrauen kommen jeden Tag in Ihren Haushalt, wodurch Sie großen Einfluss auf den Tagesablauf haben. Sie können Ihre Arbeitszeiten mit der Kinderfrau individuell abstimmen und nach Ihren Bedürfnissen im Job ausrichten. Ihr Kind hat sich an eine feste Betreuungsperson gewöhnt und muss sich gegebenenfalls auch abends nicht auf einen neuen Babysitter einstellen.

Konsens in wichtigen Fragen
Klären Sie für sich und mit Ihrem Partner, ob Ihnen die Vorstellung angenehm ist, dass eine bislang fremde Person mehrere Stunden des Tages ohne Sie in Ihrer Wohnung verbringt. Sie sollten mit Ihrer Kinderfrau auf einer Wellenlänge liegen, sonst wird es Ihnen schwer fallen, der Dame Ihr privates Reich zu überlassen. Auch in Erziehungsfragen sollten Sie im Großen und Ganzen übereinstimmen, denn Sie möchten Ihr Kind in Ihrem Sinne betreut wissen, und die Kinderfrau kann sich nicht den ganzen Tag »verstellen«.

Luft und Lust für Extras
Vielleicht erledigt Ihre Kinderfrau auch einige Dinge im Haushalt. Zeit dafür ist da – also scheuen Sie sich nicht, schon im Einstellungsgespräch die Bereitschaft dazu abzufragen. Manche Kinderfrauen haben selbst ein kleines Kind, das sie mitbringen und das gleich ein Spielgefährte für Ihr Kind sein kann.
Ob das eine Bereicherung oder nur Anlass zum Streit ist, liegt zum größten Teil am Geschick der Kinderfrau und an ihrer Fähigkeit, das eigene und das fremde Kind weitgehend gleich zu behandeln. Alleinstehende Kinderfrauen können Sie auch auf längeren Geschäftsreisen begleiten, was vor allem dann interessant ist, wenn Sie noch stillen.

Hohes Maß an Flexibilität

Eine Kinderfrau einzustellen kann die bequemste Lösung sein. Sie ersparen sich das tägliche Bringen und Holen, und Ihr Kind muss morgens nicht geweckt werden.
Bei leichteren Krankheiten kann sich die Kinderfrau um den kleinen Patienten kümmern. Wenn Sie einen Termin außerhalb der üblichen Arbeitszeiten haben, kann Ihre Kinderfrau wahrscheinlich gut reagieren, weil sie in der Regel nur Ihr Kind betreut.
Eine kostengünstigere Möglichkeit besteht darin, eine befreundete Familie zu finden, mit der Sie sich die Kinderfrau teilen. Die Kinder freuen sich in diesem Fall über ihre Teilzeitgeschwister und die Kosten können unter den Familien aufgeteilt werden. Urlaube etc. müssen dann aber gut abgestimmt sein.

Sorgen Sie für Spielgefährten

Ein wichtiger Nachteil ist die Tatsache, dass Ihr Kind es bei dieser Lösung ausschließlich mit Erwachsenen zu tun hat. Spielgefährten kann es während der Woche nur auf dem Spielplatz treffen, engerer Kontakt oder gar Freundschaften unter den Kindern entstehen so natürlich selten. Für Säuglinge und kleine Babys mag das noch keine große Rolle spielen, doch spätestens nach sechs bis neun Monaten entsteht ein deutliches Interesse an anderen Gleichaltrigen. Mit etwa einem Jahr sind Kinder dann kaum noch zu bremsen, wenn sie irgendwo auf ihre »Kollegen« treffen.
Bitten Sie Ihre Kinderfrau darum, so oft wie möglich auf einen Spielplatz zu gehen. Hören Sie sich in Ihrer Nachbarschaft um. Vielleicht gibt es ein Kind, das im gleichen Alter ist wie das Ihre. Wenn die Mutter das Kind gern für den halben Tag oder für einige Tage in der Woche mit zu Ihrer Kinderfrau gibt, haben Sie zwei Fliegen mit einer Klappe geschlagen.

→ checkliste

Vorteile und Nachteile der Betreuung zu Hause

Vorteile
- ✓ Ihr Kind bleibt in seiner vertrauten Umgebung.
- ✓ Es hat seine vertrauten Sachen um sich und schläft im eigenen Bettchen.
- ✓ Es kann von Freunden besucht werden.
- ✓ Die Betreuung, die Sie anstellen, ist nur Ihnen unterstellt und wird sich dementsprechend nach Ihren Weisungen richten.
- ✓ Sie sparen viel Zeit, da die Hol- und Bringzeiten wegfallen.
- ✓ Bei Krankheit kann Ihr Kind zu Hause versorgt werden.
- ✓ Es gibt keine festen Ferienzeiten.

Nachteile
- ✓ Die Betreuung ist sehr kostspielig.
- ✓ Vor plötzlicher Kündigung sind Sie nie gefeit.
- ✓ Spielmöglichkeiten mit Gleichaltrigen müssen organisiert werden.

Tagesmutter

Tagesmütter nehmen Ihr Kind tagsüber in die eigene Familie auf und betreuen es in ihrer eigenen Wohnung. Sie übernehmen die Rolle der abwesenden Mutter mit allen sich daraus entwickelnden Ansprüchen.

Das zweite Zuhause
Eine Tagesmutter bietet Ihrem Kind ein zweites Zuhause. Sie gilt als feste Bezugsperson für Ihr Kind, sie ist wichtig und wird im Idealfall von ihrem Kind sehr geliebt. Daraus kann sich das Problem der Eifersucht ergeben. Es ist besonders wichtig, dass die sprichwörtliche Chemie zwischen Ihnen und Ihrer Tagesmutter stimmt. Wenn Sie auf Ihre innere Stimme hören, merken Sie schon beim ersten Kennenlernen, ob Sie sich gegenseitig sympathisch sind. Vertrauen Sie auf dieses Gefühl und schließen Sie den Vertrag nur, wenn Sie sich hundertprozentig sicher sind, die richtige »Ersatzmutter« gefunden zu haben.

Fragen Sie nach!
Eine Möglichkeit, sich ein Bild von der Tagesmutter und ihrer Einstellung zu machen, ist, Ihr eine Reihe von Kennenlernfragen zu stellen. Nachfolgend haben wir die wichtigsten für Sie zusammengefasst:
→ Welche Ausbildung und wie viel Erfahrung als Tagesmutter hat sie?
→ Werden gleichzeitig eigene Kinder betreut?
→ Wie viele fremde Kinder betreut sie?
→ Stimmen Ihre Wunsch-Betreuungszeiten mit denen der Tagesmutter überein?
→ Wie flexibel ist sie bei Verspätungen?
→ Wie sieht die Urlaubsplanung aus? Wird diese frühzeitig festgelegt, sodass Sie langfristig für Ersatz sorgen können?
→ Wie hoch sind die Betreuungskosten?
→ Welche Auffassung von Ernährung hat die Tagesmutter – was gibt es zu essen?
→ Welche Erziehungsvorstellungen hat sie?
→ Wie läuft die Eingewöhnungszeit? Kann Ihr Kind vorab mehrmals zu »Schnupperstunden/-tagen« kommen?
→ Ist sie bereit, als »Profi« in Erziehungsfragen Ihnen Erziehungstipps zu geben?

Seien Sie sensibel
Achten Sie bei Ihren Besuchen auch darauf, wie sich die Kinder der Tagesmutter zu Ihrem Kind verhalten, ob es integriert ist oder als

Liebevolle Betreuung und Tagesgeschwister – viele Kinder blühen bei der Tagesmutter richtig auf.

Außenseiter behandelt wird. Vielleicht können Sie in der kurzen Zeit auch erkennen, ob die Tagesmutter es schafft, alle Kinder möglichst gleich zu behandeln, und ob die Chemie zwischen der Tagesmutter und Ihrem Kind stimmt: Es ist unglaublich wichtig, dass sie Ihr Kind von ganzem Herzen mag.
Kinder haben eine gut entwickelte Fähigkeit, sich in verschiedenen Umgebungen zurechtzufinden. Es ist kaum möglich, aber auch nicht wirklich nötig, dass die Umstände in beiden Haushalten deckungsgleich sind.

Gut zu wissen

Normalerweise haben Tagesmütter selbst ein oder mehrere Kinder, die manchmal schon aus dem Haus oder in der Schule sind. Meistens jedoch sind sie im Vorschulalter und stehen als Spielgefährten zur Verfügung.
Bis zu drei fremde Kinder kann jede Tagesmutter aufnehmen, ohne dafür irgendeine Ausbildung oder Erlaubnis vorweisen zu müssen. Ab dem vierten Kind ist eine Pflegeerlaubnis des Jugendamtes nötig. Mitarbeiter des Jugendamtes besuchen die Tagesmutter dann in regelmäßigen Abständen, bieten ihr Aus- und Weiterbildungsmaßnahmen an und regen Tagesmütter zum Erfahrungsaustausch untereinander an. Ein Teil der Tagesmütter ist auch im »Tagesmütter-Bundesverband für Kinderbetreuung und Tagespflege« organisiert. Der Verband bietet für Tagesmütter Schulungen sowie eine individuelle Vermittlung von Tagesplätzen. Auf jeden Fall bietet sich über diesen Kontakt eine gute Möglichkeit, eine erste Verbindung zu Tagesmüttern in Ihrer näheren Umgebung herzustellen.

pro und contra tagesmutter

✔ Sie können mit Ihrer Tagesmutter frei und flexibel vereinbaren, an welchen Tagen und wie viele Stunden Sie Ihr Kind zu ihr bringen möchten.

✔ Meistens können Tageskinder dort auch einmal übernachten, wenn Sie abends wichtige Termine haben oder morgens die erste Maschine am Flughafen erwischen müssen.

✔ Für Spielgefährten ist durch andere Tageskinder und die eigenen Kinder der Tagesmutter gesorgt.

✔ Die Kosten sind relativ niedrig.

✔ Was den Tagesablauf im Haus der Tagesmutter angeht, werden Sie nicht viel mitreden können und müssen ihr mehr oder weniger alle Entscheidungen überlassen. Deshalb ist es umso wichtiger, dass Sie uneingeschränktes Vertrauen in Ihre Tagesmutter haben.

Soziale Tugenden erlernen

Tagesmütter sind eine sehr gute Wahl, wenn Sie Wert darauf legen, dass Ihr Kind in einer familiären Atmosphäre aufwächst. Das Zusammensein mit »Tagesgeschwistern« ist bereichernd für Ihr Kind, besonders wenn es das Erstgeborene oder ein Einzelkind ist. Es lernt in der Tagesfamilie im Umgang mit den anderen Kindern sehr früh soziale Tugenden wie Teilen, Abgeben oder Tauschen, die schwerer vermittelbar sind, wenn es allein ist. Oft entwickeln sich richtige Freundschaften zwischen den Kindern, von denen schließlich alle Beteiligten profitieren.

Wie finde ich die richtige Tagesmutter?

Vermittelt werden Tagesmütter über das Jugendamt, über Betreuungsbörsen, den Tagesmütter-Bundesverband, über Anzeigen in Zeitungen, auf Internetseiten und nicht zuletzt durch Mund-zu-Mund-Propaganda. Letzteres hat den großen Vorteil, dass Sie mit einem gewissen Maß an Vertrauensvorschuss an die Verhandlungen herangehen können, da bereits jemand, den Sie kennen, gute Erfahrungen mit der Tagesmutter gemacht hat. Eine bessere Empfehlung gibt es nicht.
Das Jugendamt kann Sie ebenfalls beraten. Es bietet in größeren Städten Kurse für Tagesmütter an und kann Ihnen deshalb möglicherweise qualifizierte und ausgebildete Kräfte nennen. Auch Agenturen erfreuen sich immer größerer Beliebtheit – eine gute Agentur erkennen Sie übrigens unter anderem daran, ob die Mitarbeiter die Tagesmütter, die sie empfehlen, auch persönlich kennen.

Die Kosten

Noch ein Wort zu den Kosten: Tagesmütter arbeiten freiberuflich. Sie bestimmen die Preise selbst, wobei die Spanne mancherorts sehr groß ist. Die Betreuung durch eine Tagesmutter ist aber weitaus kostengünstiger als die Beschäftigung einer Kinderfrau. Allerdings kann man die Tätigkeit ja auch nicht wirklich in einer Kosten-Nutzen-Rechnung erfassen. Die Verantwortung, die eine Tagesmutter für ein fremdes Kind übernimmt, ist riesengroß. Und das beruhigende Gefühl, das Sie haben, wenn Sie die Richtige für Ihr Kind und sich gefunden haben, ist sowieso nicht mit Geld zu bezahlen. Es ist da sehr wohltuend, wenn die Dankbarkeit für die gute Betreuung von Zeit zu Zeit mit einem Strauß Blumen deutlich gemacht und die Ideallösung nicht allzu schnell als selbstverständlich angesehen wird.

Kindergarten

Wenn Ihr Kind drei Jahre alt geworden ist, hat es – theoretisch – einen Anspruch auf einen Kindergartenplatz. In manchen Bundesländern ist die Situation bis heute noch so, dass man mit viel Glück einen Platz für ein vierjähriges Kind ergattert.
Der Kindergarten hat von jeher eine andere Tradition als eine Kinderkrippe und damit auch ein anderes Ansehen in der Gesellschaft. Er wurde schon immer auch von Kindern nicht berufstätiger Mütter besucht. Der Zweck von Kindergärten lag und liegt also scheinbar nicht darin, arbeitenden Müttern die notwendige Zeit für ihren Beruf zu verschaffen, sondern in der frühen Förderung der Kinder, der Freude am gemeinsamen Tun und Spielen und den sozialen Kontakten.
Deshalb sind die Öffnungszeiten traditionell auch nicht sehr arbeitnehmerfreundlich. Viele Kindergärten schließen über Mittag. Nur einige wenige Einrichtungen sind durchgehend bis 16 oder 17 Uhr geöffnet und bieten

eine Über-Mittags-Betreuung mit warmem Mittagessen an. Ein Kindergartenplatz alleine ermöglicht also meist nur eine Teilzeit-Arbeit. Wer ganztags arbeiten will oder muss, braucht neben dem Kindergarten eine zusätzliche Betreuung, um die zeitlichen Lücken – vor allem in der Mittagszeit – zu schließen.

Hören Sie aufmerksam hin

Erkundigen Sie sich frühzeitig, welche Kindergärten es in der Nähe Ihres Wohnortes gibt, und statten Sie diesen mit Ihrem Kind Besuche ab. Hören Sie sich bei Müttern von Kindergartenkindern um. Oft gibt es neben den Einrichtungen der städtischen und kirchlichen Träger auch private Initiativen. Diese haben meist längere Öffnungszeiten, bei vielen ist auch der Betreuungsschlüssel besser, als in den öffentlichen Einrichtungen. Nicht selten werden hier nur 13 Kinder von zwei Erziehern betreut, im Vergleich zu meist 25 Kindern in den städtischen sowie den konfessionellen Kindergärten.

Die Kosten

Die Kosten für einen Kindergartenplatz unterscheiden sich übrigens von Bundesland zu Bundesland. Während in einigen Ländern eine einkommensunabhängige Pauschale verlangt wird, sind in anderen die Beiträge nach dem Einkommen der Eltern gestaffelt. Die Kosten für private Kindergärten unterscheiden sich nicht allzu sehr von denen der städtischen und kirchlichen Träger.
Übrigens übernimmt das Jugendamt bei Bedürftigkeit die Zahlung der Beiträge – das gilt auch für private Kindergärten.

Betriebskindergarten

Vielleicht hat Ihr Arbeitgeber bereits einen Betriebskindergarten eingerichtet. Wenn nicht, und es bei den Betriebsangehörigen genügend Kinder im passenden Alter gibt, ergreifen Sie die Initiative! Mancher Chef ist einfach noch nicht auf die Idee gekommen, seinen Mitarbeitern einen Betriebskindergarten anzubieten. Die Vorteile liegen auf der Hand: Der Weg ist kurz und die Öffnungszeiten richten sich nach Ihren Arbeitszeiten.

checkliste

Wie hoch ist die »Kinderzufriedenheit« im Kindergarten Ihrer Wahl?

- ✔ Wirken die Kinder fröhlich und offen?
- ✔ Sind die Kinder freundlich zueinander?
- ✔ Streiten die Kinder viel?
- ✔ Helfen sie sich gegenseitig?
- ✔ Ist beißen, kratzen, hauen und Spielsachen wegnehmen nicht erlaubt und wird das auch kontrolliert?
- ✔ Beschäftigen sich die Kinder selbstständig?
- ✔ Spielen sie miteinander?
- ✔ Nehmen die Größeren auf die Kleinen Rücksicht?

Nur wenige Nachteile

Nachteilig ist hier lediglich, dass die Kinder nicht aus einem Stadtteil kommen und die im Kindergarten entstehenden Freundschaften nur schlecht gepflegt werden können. Ihr Kind lernt hier natürlich auch nicht seine künftigen Schulkameraden kennen. Sorgen Sie deshalb für gute Kontakte zu Familien in Ihrem Wohngebiet, dadurch lässt sich dieses Defizit gut ausgleichen.

Eltern-Kind-Initiative

Bei einer Eltern-Kind-Ini, wie es in der Kurzform so schön heißt, sind Sie gut aufgehoben, wenn Sie gern mitgestalten. Sie werden von Eltern gegründet, die mit sehr viel Engagement, Zeit und Know-how eine Betreuungsmöglichkeit für ihre Kinder schaffen wollen. Die Gründe dafür liegen auf der Hand. Zum einen ist es häufig sehr schwierig, überhaupt einen Betreuungsplatz zu finden, zum anderen möchten manche Eltern gern das pädagogische Konzept mitbestimmen, was in bereits bestehenden Einrichtungen kaum möglich ist. Als Gründungsmitglieder haben sie in fast jeder Hinsicht großen Einfluss auf das Geschehen. Das fängt bei der Auswahl der Erzieher und Praktikanten an und hört bei der Diskussion um Süßigkeiten auf.

Ihr Einsatz wird sich lohnen

Die Gründung einer Elterninitiative ist ein Kraftakt in vielerlei Hinsicht: ein Seiltanz mit den Behörden um finanzielle Unterstützung, mit Vermietern von geeigneten Räumlichkeiten, bei der Suche nach Erziehern und Kinderpflegern, bei der Einhaltung von Vorschriften durch das Jugend- und Gesundheitsamt – und bei der Zusammensetzung der Kindergruppe.

→ **check-liste**

Darauf sollten Sie beim Spielmaterial achten:

✔ Gefallen Ihnen die Kinder- und Bilderbücher?

✔ Gibt es Puzzles und Spiele für ruhigere Spielphasen?

✔ Sind Rutschautos, Puppenwagen und andere Fahrzeuge vorhanden?

✔ Ist das angebotene Programm abwechslungsreich?

✔ Können sich die Kinder ihr Spielzeug selbst aussuchen?

✔ Sind Bastel- und Bauecke gut bestückt?

✔ Gibt es Material zum Verkleiden und für Rollenspiele?

✔ Besteht für die Kinder die Möglichkeit, Musik zu machen?

✔ Dürfen die Kinder bei einfachen Haushaltstätigkeiten und der Zubereitung der Mahlzeiten mithelfen?

Die Kinder kommen in der Regel wunderbar miteinander aus, die Eltern müssen es ihnen gleichtun und ebenfalls Kompromisse schließen, nachgeben oder Aufgaben unter sich aufteilen. Das kann bei eingeschränkten finanziellen Mitteln bis hin zum wöchentlichen Putzen der Kinderräume inklusive aller Toiletten gehen!

Kinderbetreuung nach Maß

Wenn Sie Zeit, Lust und Energie haben, die Anlaufschwierigkeiten zu meistern, können Sie sich eine nach Ihren Vorstellungen maßgeschneiderte Betreuung für Ihr Kind schaffen. Sie haben dann Mitspracherecht bei den Öffnungszeiten, bei der Alterszusammensetzung, bei der pädagogischen Grundausrichtung und vielem mehr. Und auch bei den zusätzlichen Ausflügen und Unternehmungen, wie zum Beispiel dem wöchentlichen Besuch im Schwimmbad oder einem Ausflug in die Berge, einer Dampferfahrt oder einem Zirkusbesuch, können Sie sich einbringen.

Wenn Sie erst später dazustoßen

Auch wenn Sie als Eltern zu einer Gruppe stoßen, die schon länger besteht, können Sie auf den regelmäßig stattfindenden Elternabenden mitreden und Einfluss nehmen. Es gibt Elterninitiativen, in denen Krabbelkinder, Kleinkinder und Kindergartenkinder bis zum Grundschulalter betreut werden. Alle möglichen verschiedenen pädagogischen Konzepte können einfließen und verwirklicht werden. Die Gruppenstärke variiert je nach Gegebenheiten und äußeren Umständen wie Raumangebot oder Personalstärke.

Wohin nach Schulschluss? Eine privat organisierte Mittagsbetreuung ist oft die einzige Möglichkeit, die berufstätigen Eltern bleibt.

Grundschule – was ist nach Unterrichtsende?

Als Ihr Kind noch sehr klein war, haben Sie sicher oft gedacht, dass es mit der Betreuung des Sprösslings bestimmt sehr viel einfacher wird, wenn er älter ist und erst einmal in die Schule kommt. Doch dann trifft Sie die Realität: Der große erste Schultag ist vorbei, aber leichter ist nichts geworden. Ihr Kind hat drei Mal in der Woche um 11.20 Uhr Schulschluss, denn in Ihrem Bundesland gibt es noch keine verlässliche Grundschulzeit bis 13 Uhr. Und selbst in den Ländern, die eine regelmäßige Schulzeit eingeführt haben, reicht diese kaum aus, um einen Halbtagsjob zeitlich unterzubringen. Hortplätze sind in den Grundschulen genauso selten wie vorher die Krippenplätze für die Kleinsten und entsprechend schwer zu bekommen.

Ohne Eigeninitiative geht fast nichts

Da wir in Deutschland noch weit entfernt sind von der Regel-Ganztagsschule, bleibt berufstätigen Eltern auch hier wieder nur die private Initiative. Wenn Sie Vollzeit arbeiten wollen, brauchen Sie in jedem Fall ein Aupair oder eine Kinderfrau – anders lässt sich eine Rundumbetreuung zu Hause nicht organisieren. Vielleicht gibt es aber auch eine Familie in der Nachbarschaft, die Ihr Kind nachmittags betreut, oder Sie haben das große Glück, die Großeltern in der Nähe zu haben. Kommen all diese Möglichkeiten für Sie nicht in Frage, so bleibt Ihnen noch die Chance, zusammen mit anderen Müttern an Ihrer Schule eine private Mittagsbetreuung zu initiieren.
In den meisten Bundesländern sind die Schulen dazu verpflichtet, solchen privaten Gruppen Räume im Schulgebäude zur Verfügung zu stellen. Länder, Städte und Gemeinden zahlen auf Antrag Zuschüsse zur Finanzierung der Einrichtung und des Personals. Meist sind jedoch zusätzliche Elternbeiträge notwendig, die jedoch weit unter den Kosten für den Kindergarten liegen.
Mit der Einstellung des Betreuungspersonals, der Bearbeitung der Anträge und der Organisation der Gruppe kommt anfangs eine ganze Menge Arbeit auf Sie und Ihre Mitstreiterinnen zu. Doch davon sollten Sie sich nicht entmutigen lassen: Wenn dann alles erst einmal eingespielt ist, reduziert sich der Aufwand sehr schnell wieder.

Bei Kindern sehr beliebt

Für die Kinder ist diese Betreuungsform sehr schön. Sie bleiben in Ihrer vertrauten Schulumgebung und haben die Möglichkeit, mit ihren Schulkameraden einmal ausgiebig zu spielen – was in den kurzen Pausen am Vormittag kaum möglich ist. Das fördert nicht nur den Kontakt der Kinder untereinander, sondern stärkt auch das Selbstbewusstsein in der Gruppe. Kurz – diese Betreuungsform birgt einige der Vorteile, die auch eine Ganztagsschule hätte.
Fazit: Es wäre schön, wenn der Staat sich in Zukunft weniger auf die Initiative der Eltern verlassen und die Betreuung der Kinder mehr zu seiner eigenen Sachen machen würde.

> **wichtig**
>
> In vielen Ländern Europas sind Ganztagsschulen längst die vorherrschende oder sogar einzige Form der Schulorganisation. Alle Länder mit Spitzenleistungen in der Pisastudie haben Ganztagsschulen. Deutliche Vorteile sind eine bessere Rhythmisierung des Schulalltags, zusätzliche individuelle Lernangebote sowie die Möglichkeit zu gemeinsamer Freizeitgestaltung, hinter der auch noch ein pädagogisches Konzept steht.

Gymnasium & Co.

Sie haben die Grundschulzeit Ihres Kindes mit der unregelmäßigen Stundenzahl und den unberechenbaren Ausfallstunden hinter sich. Sie freuen sich nun darauf, dass Ihr Kind noch selbstständiger wird und die Organisationsprobleme auf der höheren Schule von Jahr zu Jahr abnehmen. Was die Zeit angeht, haben Sie Recht. Doch hinsichtlich der Intensität und Qualität der gemeinsamen Zeit müssen wir Sie leider enttäuschen.

Qualität statt Quantität

Je älter Ihr Kind wird, umso weniger wichtig wird die Anzahl der Stunden, die Sie mit ihm verbringen. Ganz im Gegenteil – viele größere Kinder genießen ihre Freiräume und Selbstständigkeit sehr. Sie haben viele Aktivitäten neben der Schule und sind in Ihren eigenen sozialen Kreis eingebunden. Je weniger die Eltern dazwischenfunken, umso besser. Jetzt kommt es verstärkt darauf an, was Sie unternehmen und wie vertrauensvoll Sie miteinander umgehen. Wenn in der Schule alles gut läuft, Sie den Freunden Ihres Kindes vertrauen können und selbst eine gute Vertrauensbasis zu Ihrem Kind aufgebaut haben, werden Sie spätestens jetzt anfangen, Ihr Berufsleben sehr zu genießen.

Die Kinder sind flügge – und jetzt?

Viele nicht berufstätige Mütter haben in der Pubertätsphase ihrer Kinder Probleme sich »abzunabeln«. Die Kinder waren immer ein überwiegender Teil ihres Lebensinhalts und bestimmten den Tageslauf mehr oder weniger rund um die Uhr. Mit der wachsenden Unabhängigkeit entstehen permanent mehr Leerlaufzeiten, die von den Müttern erst einmal nicht aktiv gefüllt werden können. Oft werden diese Zeiten des Leerlaufs darauf verwendet, auf die Kinder zu warten.
Wenn diese dann wieder zu Hause eintrudeln, spüren sie die Erwartungshaltung sehr genau – und es gefällt ihnen nicht. Die Fragen »Warum kommst du nicht jeden Tag zum Mittagessen nach Hause?«, »Musst du jeden Nachmittag etwas unternehmen?« oder »Sind dir denn deine Freunde wichtiger als ich?«, sind die Vorwurfsklassiker, die Kinder dazu veranlassen, noch weniger Zeit zu Hause zu verbringen. Das ist für uns als Außenstehende durchaus verständlich, denn wer lässt sich schon gern unter emotionalen Druck setzen?

Als Teenies sind Kinder zwar schon fast erwachsen, brauchen aber immer noch Ansprechpartner.

Teenager brauchen Freiräume

Gerade Kinder im Pubertätsalter brauchen Freiräume. Je weniger sie sich eingeengt fühlen, umso größer sind die Chancen, dass sie auch in diesen gefühlsmäßig wilden Zeiten ein gutes Verhältnis zu Ihnen haben.

Das soll aber nicht heißen, dass die Situation in allen Familien mit nicht arbeitenden Müttern gleich ist. Wer sich schon früh um eigene Aktivitäten und Interessen außerhalb der Kindererziehung gekümmert hat, wird auch als nicht berufstätige Mütter die neu entstandene Freizeit sehr genießen, anstatt sich nur an die Kinder zu klammern. Wenn Sie sich, egal ob durch Beruf, soziale Aktivitäten oder Hobbys, zu Hause etwas rar machen, werden die Kinder die gemeinsame Zeit höher schätzen.

Sorgen und Nöte ...

Jetzt ist wichtig, dass Ihre nunmehr großen Kinder Sie auf ihre Probleme ansprechen können. Und es gibt für ein Kind in diesem Alter viele schier unüberwindbare Sorgen: Da hat die beste Freundin Ihrer Tochter seit zwei Tagen keine SMS mehr nach der Schule geschickt, oder die Clique Ihres Sohnes hat sich ohne ihn zum Fußball verabredet. Vielleicht zeigt auch der große Schwarm gerade kein Interesse für Ihren Sprössling oder die Pickel nehmen überhand.

... unbedingt ernst nehmen!

Auch wenn Sie müde vom Job nach Hause kommen und Ihnen diese Probleme im Vergleich zu Ihrem trouble im Büro unwichtig vorkommen – sie sind es nicht! Nehmen Sie sich die Zeit, finden Sie Verständnis für die Nöte Ihres Kindes, erinnern Sie sich an Ihre eigene Sturm-und-Drang-Zeit. Nehmen Sie Ihr Kind unbedingt ernst in den Dingen, die es für wichtig erachtet. Sie werden auch jetzt noch als wichtiger Ankerpunkt gebraucht. Schwieriger stellt sich die Situation dar, wenn Ihr Kind Probleme in der Schule hat, oft die Schule schwänzt und dazu auch noch die Nachmittage vor dem Fernseher verbringt. Dann braucht es noch mehr Unterstützung

> ### check-liste
>
> **Wichtiges für den Umgang mit Teenies ...**
>
> ✔ Akzeptieren Sie, dass Ihr Kind inzwischen seine eigenen sozialen Kontakte hat.
>
> ✔ Wenn die Vertrauensbasis stimmt und in der Schule alles läuft, sollten Sie so wenig wie möglich dazwischenfunken.
>
> ✔ Setzen Sie Ihr Kind nicht unter emotionalen Druck.
>
> ✔ Bieten Sie sich als Ansprechpartner bei Problemen an und nehmen Sie die Ängste und Nöte Ihres Kindes ernst.
>
> ✔ Wenn es in der Schule nicht so läuft, ist Kontrolle manchmal besser.

auf dem Weg zum unabhängigen Teenager. Wenn Sie selbstständig zu Hause arbeiten, können Sie nebenbei auf die Erledigung der Hausaufgaben achten und Ihr Kind – wenn nötig – dabei unterstützen. Es ist so auch leichter möglich, den Medienkonsum unter Kontrolle zu halten.
Vielleicht ist Ihr Büro ganz in der Nähe. Selbst wenn Sie dann viel zu tun haben oder oft unterwegs sind, haben Sie doch die Möglichkeit, ab und zu einmal spontan zu Hause aufzutauchen. Manchmal reicht bereits das aus.

Ernste Schulprobleme – was dann?
Bei ernsten Schulproblemen sollten Sie sich nach einer Hausaufgabenbetreuung umsehen. Es gibt in beinahe jeder Stadt Institute, die Hausaufgabenaufsicht mit pädagogisch geschultem Personal anbieten. Falls es nichts Derartiges in Ihrer Nähe gibt, so fragen Sie an der Schule Ihres Kindes nach, ob für ein solches Projekt ein Raum zur Verfügung gestellt werden kann. Suchen Sie andere Kinder mit den gleichen oder ähnlichen Problemen und initiieren Sie eine private Hausaufgabengemeinschaft. Sollten diese Maßnahmen immer noch nicht ausreichen, können Sie sich auch für ein größeres Kind nach einer Tagesmutter umsehen. Diese sollte im Idealfall Kinder im vergleichbaren Alter haben und gut erreichbar in der Nähe wohnen.
Für Kinder, die mit zu großer Selbstständigkeit noch nicht umgehen können, ist dies eine ideale Lösung. Sie können dort im Familienverbund Mittag essen, ihre Arbeiten erledigen und haben für Schwierigkeiten aller Art immer gleich einen Ansprechpartner.

Betreuung durch Verwandte

In unserer mobilen Gesellschaft leben Familien oft Kilometer weit verstreut. Deshalb kommt eine permanente Betreuung der Kinder häufig nicht in Frage. Doch wenn die räumliche Nähe vorhanden ist, stellt sich manchmal auch einfach die Frage, ob die Kinderbetreuung durch Großeltern & Co. wirklich der Wunschlösung entspricht.

wichtig

Klären Sie vorab mit einigen Grundsatzfragen, ob die Basis für die Betreuung durch Verwandte stimmt:

✔ Stimmt die Chemie zwischen Eltern, Schwiegereltern und Ihnen als Paar?

✔ Werden Erziehungsstile gegenseitig respektiert und akzeptiert?

✔ Ist es möglich, mit den Großeltern Unstimmigkeiten schon in einem frühen Stadium anzusprechen oder fühlen sich die Großeltern leicht auf den Schlips getreten?

✔ Können Sie selbst mit der Tatsache leben, dass das Großeltern-Privileg »ein bisschen verwöhnen« jeden Tag gelebt wird?

✔ Haben die Enkel bereits einen guten Kontakt zu den Großeltern?

Für viele Großeltern ist die Betreuung der Enkel mehr eine Herzensangelegenheit als ein Job.

Die Ideallösung?

Glücklicherweise ist die Großelterngeneration von heute auch sehr aktiv und hat viele eigene Interessen, sodass schon aus diesen Gründen eine ständige Betreuung der Kinder innerhalb der Familie oftmals ausscheidet.
Wenn Sie jedoch das Glück haben, dass die Großeltern der Kinder in der Nähe leben und sich die erforderliche Zeit mit ihren Enkeln nehmen möchten, bietet sich diese Betreuungsvariante an. Die Vorteile sind schnell aufgezählt: Dies ist sicher eine der kostengünstigsten und dauerhaftesten Lösungen. Vor allem aber kann eine enge emotionale Bindung zwischen Großeltern und Enkeln entstehen.

Konfliktpotenzial erkennen und entschärfen

Probleme können durch verschiedene Auffassungen in Erziehungsfragen entstehen. Sie müssen sich vorher absprechen, was Ihnen als Eltern im täglichen Leben, bei der Ernährung und im sozialen Umgang Ihres Kindes besonders wichtig ist. Die Großeltern müssen sich im Gegenzug klar darüber sein, ob sie in einigen Dingen von ihren alten Erziehungsgewohnheiten abrücken können. Vom Teller, der leer gegessen sein muss, und dem Klaps, der noch niemandem geschadet hat, bis hin zum täglichen und großzügigen Verteilen von Schokolade und anderen »Bonbons« – es gibt viele mögliche Konfliktthemen, die vor Beginn der regelmäßigen Betreuung geklärt sein müssen. Bei Gefälligkeiten – und nichts anderes ist die Betreuung innerhalb der Familie – ist es sehr schwer, Kritik zu üben. Und auch den Großeltern kann es schwer fallen, Zugeständnisse zu machen – schließlich opfern sie viel Zeit für Sie und Ihr Kind.

Im Falle eines Zweifels

Wenn Sie Ihr Kind nicht von Anfang an ohne Zweifel und Vorbehalte Ihren Verwandten anvertrauen können, sollten Sie dies akzeptieren und stattdessen lieber einen anderen Weg suchen. Sonst setzen Sie vielleicht noch das gute Verhältnis zu Ihren Eltern oder Schwiegereltern aufs Spiel – und das ist die Sache nicht wert. Geben Sie Ihr Kind dann lieber in eine andere Art der Fremdbetreuung und nutzen Sie die Familie als Netz und doppelten Boden für Krankheiten und andere Notfälle, die sicher kommen werden.

→ checkliste

Helfer in der Not?

✔ Wer wohnt in der Nähe und kommt deshalb in Frage, bei Bedarf einzuspringen?

✔ Wer hätte überhaupt Zeit und Lust dazu?

✔ Können Sie diesen Personen Ihr Kind anvertrauen?

✔ Würden Ihre Freunde Geld annehmen oder geraten Sie dann in eine moralische Abhängigkeit?

✔ Gibt es Eltern/Alleinerziehende, mit denen Sie sich »verbünden« oder vielleicht sogar eine Wohngemeinschaft gründen könnten?

✔ Können Sie mit Freunden eine Elterninitiative gründen?

Freunde und Bekannte

Neben der Verwandtschaft gibt es dann ja auch noch die Freunde und Bekannten, mit denen Sie vielleicht in punkto Kinderbetreuung mehr verbindet als mit Ihren Eltern oder Schwiegereltern. Vielleicht bietet sich in diesem Rahmen die eine oder andere Möglichkeit, Ihr Kind kurz- beziehungsweise langfristig versorgt zu wissen? Auf jeden Fall ist dieser Gedanke eine Überlegung wert.

Zeitarbeit-Service

Darunter sind in diesem Zusammenhang Agenturen zu verstehen, die an vielen Orten aus dem Boden schießen und die Vermittlung von Kinderbetreuung und Haushaltshilfen als Dienstleistung betrachten. Sie können in der Informationsphase und bei der Suche nach einer geeigneten Betreuung sowie in Not- und Krisenzeiten eine wertvolle Adresse sein.

Voll im Trend

Ein Beispiel ist der »Familienservice«, der zur Zeit in über 20 Orten in Deutschland, der Schweiz und Österreich Büros unterhält, die angeschlossenen Firmen und ihren Mitarbeitern Vermittlungsdienste anbieten. Das Angebot ist breit gefächert: Von der Notmutter bis zum Handwerker können Sie alle möglichen Dienste in Anspruch nehmen, wenn Ihr Unternehmen Mitglied im Familienservice-Verbund ist. Erkundigen Sie sich über Filialen in Ihrer Nähe oder surfen Sie auf den Internetseiten (www.familienservice.de).
Vielleicht gibt es auch in Ihrer Nähe Modellprojekte wie den häuslichen Betreuungsdienst »Zu Hause gesund werden« für kranke und genesende Kinder. Diese Vermittlung von zuverlässigen Helferinnen, die Ihr krankes Kind zu Hause pflegen, wurde in München vom Verein für Fraueninteressen e.V. (www.fraueninteressen.de) in Zusammenarbeit mit dem Allgemeinen Sozialdienst der Stadt München gegründet. Erkundigen Sie sich in Ihrer Gemeinde nach ähnlichen Angeboten. Oder bietet sich hier vielleicht Raum für Ihr eigenes Engagement?

Kinderbetreuung auf einen Blick [+ = ja; - = nein; +/- = beides ist möglich]

	Aupair	Kinderkrippe	Private Kinderkrippe	Kinderfrau	Tagesmutter	Kindergarten
Alter des Kindes	0–18	0–3	0–3	0–18	0–18	3–6
Alleinbetreuung	+	-	-	+	-	-
Gruppenbetreuung	-	+	+	-	+	+
Anzahl der betreuten Kinder	ca. 1–3	ca. 15	ca. 5–10	ab 1	1–5	15–25
Zuhause betreut	+	-	-	+	-	-
Auswärts betreut	-	+	+	-	+	+
Kosten h(hoch), m(mittel), n(iedrig)	ca. 500 EUR	m	h	h	m	n
Zuschüsse möglich	-	+	+	-	+	+
Ganztagsbetreuung möglich	-	+	+	+	+	+
Halbtagsbetreuung möglich	+	+	+	+	+	+
Betreuung stundenweise	+	-	+	+	+	-
Abend-/Übernacht-Betreuung	+	-	-	+	+	-
Betreuung bei Krankheit	+	-	-	+	-	-
Flexibilität	++	-	+	++	+	-
Professionelle Betreuer	-	+	+	+/-	-	+
Laienbetreuer	+	-	-	+/-	+	-
Mehrere Betreuungspersonen	-	+	+	-	-	+
Mitspracherecht der Eltern	+	-	+	+	+	-
Wartezeiten	-	+	+	-	+/-	+
Hilfe im Haushalt inklusive	+	-	-	+	-	-
Eigeninitiative gefragt?	+	-	-	-	+	-

Kinderbetreuung auf einen Blick [+ = ja; - = nein; +/- = beides ist möglich]

	Betriebs-kindergarten	Eltern-Kind-Initiative	Grundschul-Betreuung	Verwandte	Zeitarbeit-Service
Alter des Kindes	3–6	0–6	6–10	0–18	1–18
Alleinbetreuung	-	-	-	+	+
Gruppenbetreuung	+	+	+	+/-	+/-
Anzahl der betreuten Kinder	15–25	10–20	ca. 25	ca. 1–3	beliebig
Zuhause betreut	-	-	-	+	+
Auswärts betreut	+	+	+	+/-	+
Kosten h(hoch), m(mittel), n(iedrig)	n	n	n	n	h
Zuschüsse möglich	+	+	+	-	-
Ganztagsbetreuung möglich	+	+	+	+	+
Halbtagsbetreuung möglich	+	+	+	+	+
Betreuung stundenweise	-	-	+	+	+
Abend-/Übernacht-Betreuung	-	-	+	+	+
Betreuung bei Krankheit	-	-	-	+	+
Flexibilität	-	+	-	+	+
Professionelle Betreuer	+	+	+/-	-	+
Laienbetreuer	-	+/-	+/-	+	-
Mehrere Betreuungspersonen	+	+	+	-	+
Mitspracherecht der Eltern	-	+	+/-	+	+
Wartezeiten	+	+	+	-	-
Hilfe im Haushalt inklusive	-	-	-	+/-	+
Eigeninitiative gefragt?	-	++	+	-	-

interview

> Bei mir kleben überall Post-its, sonst würde ich ständig etwas vergessen! Immer neue Listen helfen mir, einen Überblick über noch zu erledigende Einkäufe und unerledigte Aufgaben zu haben. Und dann ist da noch ein großer Wandkalender, in den die wichtigen Termine aller Familienmitglieder eingetragen werden. Für einen Außenstehenden mag das ziemlich chaotisch aussehen, aber so behalten wir alle den Überblick.

MIT TIMING GUT DURCHS PRIVATLEBEN

Alles, was für Ihr Zeitmanagement im Büro gilt, können Sie auf Ihr Privatleben übertragen und müssen es sogar noch erweitern. Ihre Familie ist schließlich kein planbares, auf längere Sicht kalkulierbares Projekt, sondern ein komplexes Gebilde, dass sich beinahe jeden Tag aufs Neue verändert. Ständig passiert etwas Unvorhergesehenes. Nichts läuft heute so wie gestern und schon gar nicht wie noch vor ein paar Wochen. Kinder wachsen und verändern sich ständig. Und sie ändern auch ihre Ansprüche an das Leben um sie herum. Sie als berufstätige Mutter haben eine große Menge an Aufgaben zu bewältigen. Aber genau das macht das Leben mit Kindern ja so spannend, aufregend und unterhaltsam.

Gutes Timing spart Zeit

Gerade als berufstätige Mutter haben Sie den Kopf permanent übervoll, sodass leicht einmal ein wichtiger Einkauf oder ein Kindergeburtstag in die »Nicht-so-wichtig«-Schublade rutscht. Damit Sie den Kopf in Zukunft für die wirklich wichtigen Dinge des (Familien-) Lebens frei haben, hier einige Ideen, die das Leben immens erleichtern.

»Geliebter Haushalt«
Kaum stehen im Job Überstunden an oder die Kinder brauchen etwas mehr von Ihrer Zeit – schon liegt er brach, der (un)geliebte Haushalt. Dann ist es höchste Zeit, das Haushaltsmanagement einmal näher zu betrachten. Vielleicht können Sie bei genauerem Hinsehen ja den einen oder anderen Zeitfresser eliminieren oder die Aufgaben lassen sich auf mehrere Haushaltsmitglieder verteilen?

Schreiben Sie Listen!
Damit Sie alles unter einen Hut bekommen, ohne dabei selbst unterzugehen, ist eine gute Planung unerlässlich. Schreiben Sie sich auf, was alles innerhalb einer Woche zu erledigen ist. Erstellen Sie Tagespläne für jeden Wochentag und ordnen Sie nach Prioritäten. Fixieren Sie die wichtigsten Dinge schriftlich, dann vergessen Sie garantiert nichts und haben den Kopf frei für andere Dinge. Vielleicht geht es Ihnen auch so, dass die besten Konzepte und wichtige Details Ihnen nachts einfallen. Meist mag man dann nicht aufstehen. Doch richtig einschlafen geht auch nicht, denn dann wäre die Idee weg! Ein kleiner Schreibblock auf dem Nachttisch ist in diesem Fall sehr hilfreich. Wichtiges wird morgens nur noch in die Listen übertragen.

Die private »Wiedervorlage«
Achten Sie darauf, dass Sie nicht zu viele einzeln herumliegende Ideenzettel produzieren. Schaffen Sie sich lieber einen großen Terminkalender und geeignete Wiedervorlagemappen für die einzelnen Tage des aktuellen

checkliste

Wo können Sie im Haushalt Zeit sparen?

✔ Was können wirklich nur Sie erledigen und wobei kann Ihnen vielleicht doch jemand helfen?

✔ Müssen Handtücher & Co. wirklich gebügelt werden?

✔ Gäste freuen sich über einen guten Auflauf genauso wie über ein Vier-Gänge-Menü.

✔ Sind Ihre Vorratsschränke gut bestückt oder müssen Sie wegen jeder Kleinigkeit loslaufen?

✔ Wenn Sie große Portionen kochen, können Sie diese teilweise einfrieren.

✔ Muss der Staubsauger wirklich so oft benutzt werden?

Monats und die Monate des Jahres an. Dieses in allen Büros übliche »Erinnerungssystem« kann auch im Privatleben eine große Organisationshilfe darstellen.

Langfristig planen
Im Fach für Dezember legen Sie die Weihnachtsgeschenkideen für Ihre Lieben ab und im November den kurzen Hinweis, dass Sie spätestens jetzt mit den Einkäufen beziehungsweise den Bestellungen dazu beginnen. Die Flugreservierung für den Urlaub wird im passenden Sommermonat abgelegt zusammen mit dem dauernd zu ergänzenden Merkzettel der Sachen, die Sie mitnehmen möchten. Diese Art von Merkzettel sollten Sie in Ihrem Computer unter den Stichwörtern Winterurlaub, Sommerferien, Wandertour etc. abspeichern. Dann genügt in der Hetze vor der Abreise ein kurzer Abruf der entsprechenden Liste, und Sie haben dieses Mal das Ladekabel für Ihr Mobiltelefon, die Fieberzäpfchen und sogar die Kindersonnenbrille dabei! Solche Listen ersparen Ihnen vor allem dann eine Menge lästiger und sich wiederholender Denkarbeit, wenn Sie mit einer großen Familie verreisen.

Wer macht was?
Wenn Sie Ihre Tagespläne mir den To-Do-Listen erstellen, dann notieren Sie doch jeweils gleich dazu, wem die einzelnen Aufgaben zugeteilt werden können.
Der Partner, das Aupair, die Haushaltshilfe und auch die eigenen Kinder helfen mit. Eine neue Untersuchung hat gezeigt, dass Kinder, die ihrem Alter entsprechende, verantwortungsvolle Aufgaben im Haushalt bewältigen, ein stärkeres familiäres Zusammengehörigkeitsgefühl entwickeln. Positiv schlägt außerdem der Stolz auf das in sie gesetzte Vertrauen und auf ihre Erfolge zu Buche.

Die »Dates« Ihrer Kinder
Sie sind wegen Ihrer Mehrfachrolle in Ihrer Flexibilität natürlich stark eingeschränkt. Je mehr Mitglieder Ihre Familie hat, umso mehr Termine, Veranstaltungen und Verpflichtungen stehen für alle an und müssen überwacht und koordiniert werden.
Besorgen Sie sich einen großen übersichtlichen Familien-Wandkalender und bringen Sie ihn an einem Platz an, den Sie und alle anderen – etwa beim gemeinsamen Frühstück – einsehen können. Dort tragen Sie alle Termine ein, die Ihre Kinder haben.

tipp

Erstellen Sie Computerlisten für die ständig wiederkehrenden Großeinkäufe. Wenn Sie einmal alle am häufigsten gebrauchten Dinge Ihres Haushalts abgespeichert haben, reicht vor dem nächsten Einkauf ein Ausdruck, auf dem Sie nur noch durchstreichen und ergänzen. Damit steigen die Chancen enorm, dass Sie wegen des vergessenen Waschpulvers nicht noch einmal kurzfristig los müssen.

Wenn Paula weiß, dass Paul am Dienstag mit seinen Freunden schwimmen geht, kann sie in dieser Zeit ungestört mit ihrer besten Freundin das spannende Computerspiel ausprobieren, das Paul sonst nicht herausrückt. Wenn Sie Ihren Zahnarzttermin für nächste Woche eingetragen haben, müssen Sie das nur einmal sagen: Ihr Mann kann jetzt deutlich sehen, dass er an diesem Tag das Baby von der Tagesmutter abholen muss.

Wenn alle Familienmitglieder daran gewöhnt sind und alle Termine konstant eingetragen werden, können Sie viel Zeit sparen, weil Sie wissen, wer was wann und wo unternimmt. Feinabstimmungen müssen jeweils kurz vorher vorgenommen werden. So hilft dieser Kalender Ihnen nicht nur, den Überblick zu behalten, sondern erspart Ihnen auch Wege. Und über gewonnene Zeit freuen sich alle.

Und in den Ferien?

Sobald Ihre Kinder im Kindergarten oder in der Schule sind, wird sich die Betreuungssituation zu gewissen Zeiten mit großer Wahrscheinlichkeit zuspitzen – denn an den Schulferien werden Sie nicht rütteln können, und auch Kindergärten können nicht in allen Ferien Notöffnungszeiten für berufstätige Eltern anbieten.

Hier ist Ihr Organisationstalent dann ganz besonders gefragt. Schöpfen Sie alle Quellen aus, um Informationen über betreute Tagesausflüge und Ferienlager zu bekommen. Lesen Sie dazu auch die Tageszeitung und diverse Wochenblättchen. Erkundigen Sie sich bei den Kirchengemeinden und natürlich bei Eltern mit gleichaltrigen Kindern.

Wer den Überblick hat, verpasst keine Termine, erspart sich Wege und gewinnt Zeit für sich.

Lösungen, die Spaß machen

Vielleicht steht ja auch mal wieder ein Besuch bei den Großeltern oder anderen Verwandten mit gleichaltrigen Kindern an? Oder wie wäre es, wenn Sie sich mit guten Freunden zusammentun und abwechselnd jede Familie ein Gastkind mit in den eigenen Urlaub nimmt? Den Miniclub im Feriendorf zusammen mit dem besten Freund zu besuchen macht doch gleich doppelt so viel Spaß, oder? Und Sie gewinnen Zeit für Unternehmungen mit Ihrem Partner oder können einfach in aller Ruhe einmal die Seele baumeln lassen.

Termine vereinbaren und einhalten

Im Büro ist es eine Selbstverständlichkeit, dass Sie Ihre Termine einhalten? Dann sollte diese Einstellung auf jeden Fall auch für Ihr privates Umfeld gelten, denn Pünktlichkeit zeugt immer von Respekt gegenüber den anderen. Die Kinder möchten sich darauf freuen und verlassen können, wenn Sie Ihnen versprochen haben, zu einer bestimmten Uhrzeit zu Hause zu sein. Ihr Partner ist mit viel Mühe früher aus dem Büro gegangen, um den mit Ihnen verabredeten Kinoabend zu genießen. Es gibt viele Gründe, pünktlich zu sein – und es ist immer schade, jemanden warten zu lassen. In Ihrem straff geplanten Tag möchten Sie sich darauf verlassen können, dass andere Ihre Verabredungen einhalten. Das Gleiche muss dann aber auch für Sie gelten. Wenn eine Verspätung partout nicht zu vermeiden ist, so sollten Sie mit dem Telefonat nicht bis zur letzten Sekunde warten, in der Hoffnung, dass Sie durch ein kleines Wunder vielleicht doch noch pünktlich sein könnten. Geben Sie dann rechtzeitig einen »Warnschuss« ab.

Haushalt nach Termin

Neben der pünktlichen Einhaltung von Verabredungen gibt es in Ihrem privaten Umfeld eine weitere Sorte von Terminabsprachen, die Sie treffen und einhalten sollten: Die Vereinbarungen mit Ihrem Partner, wer von Ihnen wann etwas zum Haushalt beiträgt. Am besten schließen Sie mit Ihrem Partner »kleine Verträge« über die Aufteilung der Hausarbeiten. Das könnte folgendermaßen aussehen: Staub gesaugt wird spätestens alle drei Tage, die Küche putzt nach dem Essen der, der nicht gekocht hat; Auto waschen ist Ihre Angelegenheit, der Garten seine. Auf diese Weise fühlt sich nicht jeder dauernd für alles zuständig. Durch die Absprachen haben Sie Zeiträume fixiert, innerhalb derer der »Zuständige« seine Arbeit erledigen kann. So vermeiden Sie, dass das Gefühl entsteht, Sie müssten alles Anfallende sofort erledigen. Sie haben damit aber auch verhindert, dass die Pflichten zu lange aufgeschoben werden können.

Organisieren Sie Ihre Freizeit

Die Zeit, in der Sie als Single oder kinderloses Paar frei und vor allem spontan über Ihre Freizeit verfügen konnten, gehört der Vergangenheit an. Sie wagen es kaum noch, eine Verabredung festzumachen, ohne vorher Ihren Terminkalender zu befragen.
Das ist auch gut so, denn Zeit ist eines der kostbarsten Güter, über die Sie verfügen. Planen Sie voraus, sonst sind die Freunde – die Sie spontan besuchen wollten – gerade nicht da und beim Spanier um die Ecke feiert eine geschlossene Gesellschaft.
Beim nächsten Telefonat mit den Freunden erfahren Sie dann, dass sie sich gelangweilt hatten und deshalb nur schnell ein halbes Stündchen spazieren waren – und sich riesig über Ihren Besuch gefreut hätten …
Selbst für längere Telefonate mit guten Freunden brauchen Sie hin und wieder einen Termin. Sie können ein Gespräch viel mehr genießen, wenn Sie sich einen ruhigen Moment dafür ausgesucht haben und dafür sorgen konnten, dass Sie ungestört bleiben.

Mit Timing gut durchs Privatleben

> **tipp**
>
> Einiges an Druck lässt sich mit einem guten Zeitmanagement abfedern. Doch jeder Mensch hat seinen eigenen Biorhythmus und sollte sich diesen auch zunutze machen. Finden Sie heraus, wann Sie besonders leistungsfähig sind und greifen Sie dann die großen Projekte an. Wenn ein Tief ansteht, sollten Sie eher Routinetätigkeiten erledigen.

Keine Chance für »Zeitdiebe«

Vermeiden Sie überflüssigen Kontakt mit »Zeitfressern«. Dazu können Vertreter an der Haustür ebenso gehören wie der Kollege, der Ihnen zum x-ten Mal von seiner Beziehungskrise erzählt, oder die Nachbarin, die so gerne mit Ihnen plaudert und nicht merkt, wie die Zeit vergeht. Lernen Sie, freundlich aber entschieden über Ihre Zeit selbst zu bestimmen, und lassen Sie sich nicht aufhalten.

»Was Du heute kannst besorgen ...«

Wie oft haben wir dieses Sprichwort schon gehört – und wie wahr ist es doch immer wieder! Es ist nur Zeitvergeudung, wenn Sie Dinge immer wieder auf die lange Bank schieben – schließlich brauchen Sie nur wieder neue Zeit, um darüber nachzudenken, wann Sie das Verschobene denn nun nachholen. Bereiten Sie Vorhaben genau und rechtzeitig vor, wie beispielsweise den nächsten Kindergeburtstag. Mit guter Planung lässt sich viel Zeit sparen. Ein Geschenk kann beispielsweise einige Zeit im Schrank versteckt liegen, und für Sie fällt der Letzte-Drücker-Stress bei der Besorgung weg. Dekoration können Sie auf Vorrat und im Voraus kaufen. Ausführliche Einkaufslisten sollte Ihnen Ihr Computer auf Befehl ausspucken (siehe Seite 110).

Wenn alle Stricke reißen – der Notfallplan

Sie sind glücklich, denn Sie haben alles getan, um Ihr Kind gut versorgt zu wissen. Sie gehen mit ruhigem Gewissen ins Büro und freuen sich, abends Ihr ausgeglichenes fröhliches Kind wieder zu treffen. Soweit die Theorie. Haben Sie auch bedacht, dass es Tage gibt, an denen alles aus dem Ruder läuft? An denen Ihr Kind sich schon morgens anders verhält als sonst? Und prompt schlägt das Fieberthermometer Alarm und obendrein ruft Ihre Kinderfrau an um abzusagen, weil sie selbst mit Fieber im Bett bleiben muss. Oder Sie sollen zu einem Meeting zum Partnerbüro fliegen und hetzen mit Ihrem Sprössling morgens zum Kindergarten. Dann klebt ein Unheil verkündender riesiger Zettel an der verschlossenen Tür: Scharlach oder sonst irgendeine hoch ansteckende Krankheit geht um.

Nichts geht mehr?

Gut, wenn Sie für solche Fälle einige Telefonnummern von Menschen gespeichert haben, die kurzfristig einspringen können. Mit etwas Glück ist Ihr Problem schnell gelöst.

checkliste

Basisliste für Helfer in der Not

✔ Telefonnummern, unter denen Sie und Ihr Partner immer erreichbar sind.

✔ Telefonnummern von Kinderklinik, Kinderarzt und Hausarzt.

✔ Allergien Ihres Kindes auf Nahrungsmittel oder Medikamente.

✔ Muss Ihr Kind Medikamente nehmen, wenn ja, wann und wie viel?

✔ Welche besonderen Schlafgewohnheiten hat Ihr Kind (Schmusetier, Spieluhr, Schnuller)?

✔ Wie lässt sich Ihr Kind am zuverlässigsten trösten?

Manchmal haben Sie ja auch ein bisschen mehr Vorlaufzeit, um Betreuungsalternativen zu finden. Verlassen Sie sich aber niemals nur auf eine einzige Variante. Müssen Sie Ihr Kind einmal schnell abgeben, ohne dass Sie sich mit »Gebrauchsanweisungen fürs Kind« aufhalten können, so hilft es, die »Basisliste für Helfer in der Not« (siehe oben) parat zu haben.

Optionen für den Notfall

Halten Sie guten Kontakt zu mehreren Babysittern. Das können nette Nachbarn sein, in deren Wohnung vielleicht sogar Ihr Babyfon senden kann. Das ist vor allem dann sehr hilfreich, wenn Sie abends noch einmal ins Büro zurück müssen. Oder ein paar Studentinnen, von denen eine im Notfall auch einspringt, obwohl Sie eigentlich eine wichtige Vorlesung besuchen wollte. Besonders bei Studenten in pädagogischen Fachrichtungen können Sie davon ausgehen, häufig interessierte junge Menschen vorzufinden.

Sprechen Sie auch mit Ihren Eltern und Schwiegereltern darüber, ob sie grundsätzlich bereit sind, die Feuerwehr zu spielen, wenn es brennt. Manch rüstige Großmutter ist durchaus willens und in der Lage, auch länger als ein paar Tage anzureisen, um Haushalt und Kinder zu versorgen. Wenn sich Großeltern nicht ausgenützt fühlen, sondern wissen, dass sie im guten Sinn des Wortes gebraucht werden, tun sie solche Dienste an der eigenen Großfamilie sicher gerne. Immerhin wird ihnen so ein enger Kontakt zu den Enkeln ermöglicht, den sie sonst vielleicht vermissen, weil Sie zu weit entfernt wohnen. Doch denken Sie auch hier daran, Ihre Helfer in der Not rechtzeitig zu alarmieren: Eine Vorwarnung am Abend – etwa wenn Ihr Kind sich sonderbar benimmt, nicht essen will und blass aussieht – ist sinnvoller, als wenn Sie morgens in letzter Sekunde um Hilfe rufen.

Nur keine vagen Versprechungen!

Verlassen Sie sich nicht auf vage Versprechungen wie etwa: »Ruf mich halt an, wenn es mal soweit ist«, sondern notieren Sie sich gleich die Tage, an denen die eine Freundin sicher nicht einspringen kann.

In einigen Städten gibt es sogar Vereine, die Notmütter oder Leihopas vermitteln, wenn wirklich einmal alle Stricke reißen.

interview

Nachdem unser Kind geboren war, haben wir uns viel wegen der lästigen Hausarbeit gestritten. Doch seit wir die Aufteilung regelmäßig absprechen, hat sich dieser Konfliktherd entschärft. Wir nehmen uns jetzt auch ganz bewusst wieder mehr Zeit für uns selbst und für uns als Paar: Jeder hat einen Abend in der Woche zur freien Verfügung und außerdem gehört ein Wochenende pro Monat nur uns als Paar — so schläft die Liebe nicht ein.

AUSZEITEN FÜRS EIGENE ICH

Wenn Sie im Aufteilen lästiger Pflichten nicht schon längst ein Profi sind, werden Sie über kurz oder lang dazu gezwungen. Kein Mensch kann auf Dauer Beruf, Kinder und Haushalt unter einen Hut bringen, ohne ab und zu auch an sich selbst zu denken.

Es ist wichtig herauszufinden, was Sie tun können, um sich in kurzer Zeit so gut wie möglich zu entspannen. Für den einen ist es der Gang in die Sauna, der andere liebt den Abend im Jazzkeller oder im Konzertsaal, die Tennisstunde am Wochenende oder den ausgedehnten Spaziergang im Wald. Wie wundervoll, in Ruhe im Café die Zeitung zu lesen oder durch kleine Boutiquen zu bummeln ... Sie wissen wahrscheinlich ganz genau, was Ihnen gut tun würde, um Ihren Kraft- und Energiespeicher zwischendurch aufzufüllen!

Sagen Sie Ihrem Partner, wo er helfen kann

Sie wissen also genau, wie Sie Ihre leeren Krafttanks relativ schnell wieder auffrischen könnten? Warum finden Sie dann nie die Zeit dazu? Sind Sie sich selbst etwa nicht wichtig genug? Ist es Ihnen vielleicht zu mühsam, erst jemanden zu suchen, der sich in der Zwischenzeit um die Kinder kümmert? Sonderbar, im Job können Sie delegieren, da ist Ihnen die Notwendigkeit bewusst und deshalb schaffen Sie es dann auch.

Übertragen Sie diese Fähigkeit aus Ihrem Beruf doch einfach auf das private Leben. Schließlich stehen Sie nicht allein, sondern haben einen gleichberechtigten Partner an Ihrer Seite, der Ihnen selbstverständlich auch in dieser Beziehung unter die Arme greifen kann. Vielleicht weiß er aber auch einfach nicht, wie er Ihnen helfen kann – dann müssen Sie es ihm sagen!

Klare Arbeitsteilung – auch zu Hause

Wenn früher, in Ihrer Partnerschaft ohne Kinder, schon der Hauptteil des Haushalts auf Ihren Schultern lastete, ist das schlimm genug! Jetzt aber ist aus der überschaubaren Zweisamkeit ein häufig schlecht kalkulierbares Familienchaos geworden. Die Wäscheberge türmen sich, der Staub auf den Regalen und das schmutzige Geschirr schreien nach Aufmerksamkeit, die Wollmäuse tummeln sich ... Stop! Damit es nicht so weit kommt, brauchen Sie eine klare Absprache und eine exakte Aufgabenteilung in Ihrer Familie.

Selbst wenn Sie früher über die Unbedarftheit geschmunzelt haben, mit der Ihr Partner die Spülmaschine bestückt hat, jetzt sind Sie darauf angewiesen, dass er es regelmäßig tut. Und Ihr Baby wird es bestimmt nicht stören, wenn Papa ihm die Windeln einmal ungeschickt oder falsch herum anzieht.

Perfektion ade!

Vergessen Sie ihren Anspruch auf Perfektion. Wenn Ihr Fünfjähriger den Tisch deckt, dauert das bestimmt doppelt so lange, als wenn Sie es selbst machen würden, und die Teller stehen vielleicht nicht ganz exakt in der Mitte? Egal! Ihr Sohn ist stolz, dass er Ihnen helfen konnte. Sagen und zeigen Sie ihm, dass er Ihnen eine große Hilfe ist. Und vergessen Sie dabei nie: Übung macht bekanntlich auf vielen Gebieten den Meister.

Klare Arbeitsteilung zwischen den Familienangehörigen verschafft zu Hause Freiräume.

checkliste

Was könnten Sie an wen delegieren?

✔ Wie viel Zeit wollen Sie einsparen, indem Sie verschiedene Tätigkeiten delegieren?

✔ An wen können Sie Hol- und Bringdienste abtreten?

✔ Entlastet es Sie, wenn jemand den Garten für Sie pflegt?

✔ Welche bezahlten Hilfen wollen Sie sich für Waschen, Bügeln, Nähen und Putzen leisten?

✔ Gibt es Läden mit Heim-Service in Ihrer näheren Umgebung?

✔ Kennen Sie Internet-Bestelladressen für Lebensmittel und Haushaltswaren?

✔ Besorgen Sie sich unbedingt die Telefonnummer des Studenten-Schnelldiensts – sie ist Gold wert!

Tipps für ein konstruktives Gespräch mit dem Partner

✔ Wählen Sie für das Gespräch einen ruhigen Moment, in dem Sie ungestört reden können.

✔ Halten Sie Ihre Stichpunkte vorab schriftlich fest.

✔ Hören Sie zu ohne zu unterbrechen.

✔ Gehen Sie Kompromisse ein, wenn keine Einigung zu erzielen ist.

✔ Überdenken Sie auch völlig neue und ungewöhnliche Konzepte.

✔ Legen Sie Wert auf Gemeinsames, nicht auf Trennendes.

✔ Versetzen Sie sich in die Lage Ihres Partners.

✔ Bleiben Sie ruhig, auch wenn die Emotionen hoch schlagen.

Anliegen klar formulieren
Sprechen Sie Ihre Anliegen laut und deutlich aus. Verlangen Sie von Ihrem Partner nicht, dass er Ihnen Ihre Gedanken und Wünsche von den Augen abliest. Bedenken Sie auch, er ist ein Mann, und Männer sind möglicherweise geschickter als Frauen im Überhören von Unangenehmem. Klare Worte und genaue Absprachen sind hier besonders wichtig. Teilen Sie die Pflichten in den Bereichen Haushalt und Familie gerecht auf, sagen Sie Ihrem Partner ganz genau, wobei er Ihnen helfen kann. Vielleicht ist er nur einfach nicht auf die Idee gekommen, dass Sie Unterstützung brauchen, Sie schienen ja immer so stark und selbstbewusst zu sein!

Ausruhen und einfach mal gar nichts tun – ein Luxus, den Sie sich zu Hause hin und wieder gönnen sollten.

Achten Sie darauf, dass Sie Ihn nicht andauernd korrigieren, wenn er sich bereit erklärt hat, einige Ihrer Aufgaben zu übernehmen. Wenn Sie ständig als Aufsicht um ihn herum sind und kritische Kommentare abgeben, sobald er das Baby füttert oder wickelt, dann wird ihm schnell die Lust daran vergehen! Er wird dann auch nicht daran interessiert sein, weitere Aufgaben zu übernehmen.
Treffen Sie auch mit Ihren älteren Kindern klare Vereinbarungen zur Mithilfe, die pünktlich eingehalten werden müssen. Versuchen Sie gemeinsam, Streit und überflüssige Diskussionen über das Reizthema »Mithilfe im Haushalt« zu vermeiden. Dadurch können Sie viel Zeit und Energien sparen.

Heute habe ich frei!

Sie sind weder ein Egoist noch eine Rabenmutter, wenn Sie nicht jede freie Minute mit Ihren Kindern verbringen. Natürlich sind sie das Wichtigste in Ihrem Leben neben Ihrer Partnerschaft, Ihrem Job und allem anderen. Aber wie sollen Sie als Mensch allen Anforderungen von außen gerecht werden, wenn Sie immer nur an alle und alles andere denken und sich selbst darüber vergessen?
Dagegen hilft vor allem eines: Nehmen Sie sich von Zeit zu Zeit einen Tag frei vom Alltag. Sie werden sehr schnell erkennen, dass nicht nur Sie, sondern auch Ihre Umwelt von Ihrer neuen Gelassenheit profitieren wird.

Ein fester Termin – nur für Sie

Vor allem Alleinerziehende tun sich schwer, eine Auszeit zu nehmen, um vielleicht einmal nur an sich selbst zu denken.
Gönnen auch Sie sich wenigstens einen fixen Termin – z. B. jeden Mittwochabend –, der mit dem Babysitter fest ausgemacht ist und daher regelmäßig ohne stressige Organisation und schlechtes Gewissen genossen werden kann. Wenn Sie und die Kinderbetreuung von vornherein Bescheid wissen, dann fällt schon einmal die lästige Planung weg.
Und keine Sorge: Ihr Kind freut sich bestimmt, wenn es in regelmäßigen Abständen Zeit bei den Großeltern oder einer guten Freundin verbringen darf. Kinder lieben Wiederholungen und mögen regelmäßig wiederkehrende Ereignisse. Sie fühlen sich ganz bestimmt nicht vernachlässigt, solange sie gut aufgehoben sind und sich wohl fühlen.

bilanz ziehen

Nutzen Sie Ihre Auszeiten, um in Ruhe nachzudenken. Analysieren Sie Ihre Gefühle und bringen Sie diese mit Papier und Bleistift in sichtbare Form. Finden Sie heraus, welche Faktoren dazu führen, dass Sie sich nicht gut fühlen.

Das muss ich akzeptieren
In die erste Spalte schreiben Sie alles, worauf Sie keinen Einfluss haben. Die Dinge, die Sie auf dieser Liste angeführt haben, müssen Sie wohl oder übel akzeptieren. Je besser Ihnen das gelingt, umso eher werden Sie mit widrigen Umständen fertig. Wenn Sie nicht jeden Morgen mit dem Wecker hadern, sondern sich auf einen ereignisreichen Tag freuen, an dem auch gute und schöne Dinge passieren werden, schaffen Sie den Weg ins Bad schneller und leichter. Wenn Sie sich klar machen, dass die nervtötende Quengelei oder die häufigen Wutanfälle Ihrer Zweijährigen nur eine Phase sind, die ganz bestimmt auch wieder vorbei geht, können Sie ihnen lässiger und gleichmütiger gegenüberstehen und sie wahrscheinlich besser ertragen.

Das muss sich ändern
In die zweite Spalte schreiben Sie alles, wovon Sie glauben, dass Sie es mit einigem guten Willen, mit guten Vorsätzen und mit Köpfchen ändern können. Das können kurze Entspannungsübungen sein, die Sie zwischendurch in Ihren Alltag einbauen. Dazu kann gehören, dass Sie in Zukunft mehr und besser delegieren wollen. Überlegen Sie dabei ganz konkret, an wen Sie die eine oder andere Aufgabe abtreten können und unterscheiden Sie zwischen Beruf und Familie. Nehmen Sie sich fest vor, den Tag genauer zu planen und Ihre Zeit exakt einzuteilen. Vergessen Sie dabei aber nicht die Zeitpuffer, um nicht durch Unvorhersehbares in Stress zu geraten. Vielleicht fällt es Ihnen schwer, Wichtiges von Eiligem zu unterscheiden? Entsteht manchmal deswegen unnötiger Druck? Machen Sie sich Gedanken zu diesem Thema.

Das läuft prima!
In der dritten Spalte listen Sie auf, worauf Sie stolz sind. Was Sie gut hinkriegen, was Sie alles schon geschafft haben und was Sie bereits jetzt täglich konkret tun, um in Balance zu bleiben. Mit dieser Aufstellung gewinnen Sie eine Übersicht über den momentanen Stand der Dinge. Wenn Sie in regelmäßigen Abständen auf diese Weise Bilanz ziehen, behalten Sie einen guten Überblick. Probieren Sie es aus und schauen Sie sich bei dieser Gelegenheit auch Ihre alten Aufzeichnungen immer wieder an. Sie werden erkennen, dass Sie Fortschritte bei der Bewältigung Ihres Lebens mit der Mehrfachbelastung gemacht haben. So eine Auszeit mit positiver Bilanz gibt neue Kraft für den nächsten Morgen!

Vielleicht sogar ein Wochenende?

Angebote für Wochenenden gibt es viele: Workout-Weekends von Fitness-Studios, Wellness-Wochenenden im Hotel oder auch Besinnungstage im Kloster. Vielleicht steht Ihnen der Sinn auch mehr nach einem Mailand-Trip, verbunden mit einem Besuch in der Scala? So verschieden sie sein mögen, bieten sie doch alle einen wunderbaren Ausgleich zum Alltag mit all seinen großen und kleinen Problemen und helfen Ihnen, sich zu entspannen und auf andere Gedanken zu kommen. Je aufreibender das tägliche Programm ist, umso nötiger brauchen Sie Inseln der Erholung und Ruhe. Es wird Ihnen bereits sehr helfen, wenn Sie wissen, dass ein Wochenende alle ein bis zwei Monate nur Ihnen allein gehört. Finden Sie heraus, ob Ihnen das ausreicht, und planen Sie, was genau Sie mit dieser Zeit anfangen möchten.

Auszeiten für Sie als Paar

Neben Ihren Auszeiten, die Sie ganz allein mit sich verbringen, sollten Sie nicht vergessen, regelmäßig Zeiten einzuplanen, in denen Sie und Ihr Partner ganz so wie früher nur ein Paar sind und nicht Eltern. Denn gerade als berufstätiges Paar lastet eine enorme Belastung auf jedem von Ihnen und nicht zuletzt auf Ihrer Beziehung.

Fahren Sie deshalb auch einmal nur zu zweit weg – in den Urlaub oder wenigstens für ein langes Wochenende; nabeln Sie sich frühzeitig hin und wieder von Ihren Kindern ab. Keine Angst, das klappt schon, doch natürlich gehört auch dazu ein bisschen Übung!

Hegen und pflegen Sie die Partnerschaft!

Sorgen Sie dafür, mit Ihrem Partner Zweisamkeit ungestört von der Restfamilie zu erleben. Nehmen Sie sich Zeit für Gespräche über sich, Ihre Wünsche und Ihre Hoffnungen. Besinnen Sie sich immer wieder darauf, was Sie an Ihrem Partner so lieben und schätzen. Ihre glückliche Beziehung ist schließlich das Fundament für die ganze Familie!

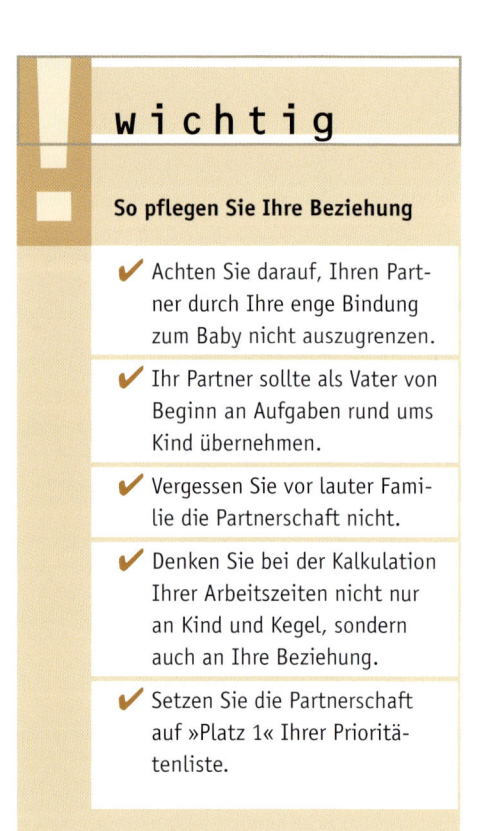

! **wichtig**

So pflegen Sie Ihre Beziehung

✔ Achten Sie darauf, Ihren Partner durch Ihre enge Bindung zum Baby nicht auszugrenzen.

✔ Ihr Partner sollte als Vater von Beginn an Aufgaben rund ums Kind übernehmen.

✔ Vergessen Sie vor lauter Familie die Partnerschaft nicht.

✔ Denken Sie bei der Kalkulation Ihrer Arbeitszeiten nicht nur an Kind und Kegel, sondern auch an Ihre Beziehung.

✔ Setzen Sie die Partnerschaft auf »Platz 1« Ihrer Prioritätenliste.

MEHR TOLERANZ FÜR ANDERE LEBENSKONZEPTE

Unabhängig davon, wie Sie für sich die Zeitkuchenstücke Familie, Beruf, Soziales, Partnerschaft etc. aufteilen – bitte akzeptieren Sie anders gelagerte Prioritäten in anderen Familien. Die Voraussetzungen und Gründe für diese komplizierte Planung sind immer unterschiedlich und nicht vergleichbar.

Mütter und Väter sollten, wenn sie sich entschließen Hausfrau oder Hausmann zu werden, dies sehr selbstbewusst tun und alle, die sich für die Berufstätigkeit entscheiden, sollten dies respektieren. Das Gleiche gilt aber auch für den umgekehrten Fall – schließlich gibt es keine einheitliche Ideallösung.

Nicht alle »Nur-Hausfrauen und »Nur-Hausmänner« glucken ausschließlich mit ihren Kindern und finden jenseits von Kochrezepten und Popocremes keine Themen mehr. Ebenso gilt, dass nicht alle Berufstätigen nur an ihre Karriere denken.

Es gibt sehr viele kulturell und sozial engagierte »Nur-Eltern«, die unser gesellschaftliches Leben enorm und mit viel Einsatz bereichern. Es ist schade, wenn diese immer wieder die gleiche Frage – »Was machst du eigentlich den ganzen Tag?« – hören. Genauso genervt sind die Berufstätigen vom Standardsatz über das schlecht erzogene, fremdbetreute Kind, von der Beschuldigung, Rabeneltern zu sein, oder der Frage »Wie kannst du es einem anderen überlassen, die ersten Schritte deines Kindes zu erleben?«. Leider fehlt es auf beiden Seiten oft an der Toleranz, die Entscheidungen der anderen Seite zu akzeptieren und die jeweils andere Lebensweise zu verstehen.

Das Unternehmen Familie muss gut geführt und ebenso gut gemanagt werden. Man kann sich entschließen, die ganze Arbeit weitgehend allein zu erledigen und keine weitere Berufstätigkeit außerhalb der Familie anzustreben – oder aber man delegiert größere Teile der Familienarbeit zugunsten anderer Aufgaben. »Nur-Eltern« und »Karriere-Eltern« können viel gewinnen, wenn Sie sich – unabhängig vom jeweiligen Lebenskonzept – gegenseitig unterstützen und durch Ihre unterschiedlichen Erfahrungen bereichern.

Service

Bücher, die weiterhelfen:

- Bullinger, Hermann:
  Wenn Paare Eltern werden,
  Rowohlt Verlag, Reinbek bei Hamburg

- Bundesministerium für Familie, Senioren, Frauen und Jugend (Hrsg.):
  Erziehungsgeld, Erziehungsurlaub
  (Broschüre kann kostenlos beim BMFSF angefordert werden)

- Erath, Peter:
  Wieviel Mutter braucht ein Kind?,
  Ariston Verlag, München

- Faust, Susanne/Lockstein, Carolin:
  Relax! Der schnelle Weg zu neuer Energie und die besten Rezepte zum Entspannen,
  Gräfe und Unzer Verlag, München

- Lang-Reeves/Villinger:
  Beckenboden. Das Training für mehr Energie (Buch plus CD),
  Gräfe und Unzer Verlag, München

- Haug-Schnabel/Bensel/Kirkilionis:
  Mein Kind in guten Händen. Wie Kinderbetreuung gelingen kann,
  Verlag Herder, Freiburg

- Ossola-Haring, Claudia:
  Ihr Recht im Job. Was Ihr Chef wirklich darf. Worauf Sie Anspruch haben,
  Gräfe und Unzer Verlag, München

- Reuther, Heike:
  Berufliche Auszeit. So einfach ist der Ausstieg auf Zeit,
  Gräfe und Unzer Verlag, München

- Schonert-Hirz, Dr. Sabine:
  Energy – alles wollen, alles können, alles schaffen,
  Gräfe und Unzer Verlag, München

- Schubert, Silke/Zimmermann, Thomas:
  Gespräche mit dem Chef. Wie Sie das Beste für sich erreichen – von der Gehaltsverhandlung bis zur Zielvereinbarung,
  Gräfe und Unzer Verlag, München

- Schreiber, Birgit:
  Babypause und was mach ich danach?,
  Gütersloher Verlagshaus, Gütersloh

- Schwarz/Mieder:
  Kursbuch für Alleinerziehende,
  Koch Media Verlag, Höfen

- Schneider, Regine:
  Gute Mütter arbeiten – Ein Plädoyer für berufstätige Mütter,
  Fischer Taschenbuch Verlag, Frankfurt a. M.

- Seiwert, Lothar:
  Das neue 1x1 des Zeitmanagement,
  Gräfe und Unzer Verlag, München

Adressen, die weiterhelfen

→ Bundesministerium für Familie, Senioren, Frauen und Jugend (BMFSF), Berlin
Tel. 030/2 06 55-0
Fax 030/2 06 55-11 45
www.bmfsfj.de

→ Bundesministerium für Arbeit und Sozialordnung (BMA)
Tel. 0 18 85 27-0
Fax 0 18 85 27-18 30

→ www.flexible-unternehmen.com
(Infos zu flexiblen Arbeitszeiten)

→ www.existenzgruenderzentrum.de
(Informative Website für Existenzgründer)

→ Infomaterial, Broschüren zu organisatorischen, rechtlichen und technischen Aspekten der Telearbeit:
www.bma.bund.de

→ www.beruf-und-familie.de
Beruf und Familie gemeinnützige GmbH
Lyonerstraße 15
60528 Frankfurt a. M.
Tel. 069/66 07 56-4 44
Fax 069/66 07 56-2 44

→ www.familienservice.de
Hotline: 01 80/1 55 88 11
(Betreuungsangebote, Informationen)

→ Verband alleinerziehender Mütter und Väter (VAMV)
www.vamv-bundesverband.de

→ Verein berufstätiger Mütter
Bundesgeschäftsstelle
Postfach 290426
50525 Köln
Tel./Fax 02 21/32 65 79
www.berufstaetige-muetter.de
E-Mail: vbm@gmx.de

→ Kinderbetreuung für alle Fälle:
www.kinderhut.de
Dagobertstrasse 1
45130 Essen
Tel. 02 01/77 21 10
Fax 02 01/8 77 56 65

→ Babysittervermittlungsservice (bundesweit):
www.leihopa.de

→ www.womanweb.de
(Umfangreiches Frauenportal im Internet)

→ www.kidnet.de
(Allgemeine Infos für Eltern und Kinder)

→ www.familienhandbuch.de
(Ein Internet-basiertes Handbuch zu Themen der Kindererziehung, Partnerschaft und Familienbildung, für Eltern, Erzieher, Lehrer und Wissenschaftler)

Register

A

Alleinerziehende 19
— Feedback 21
— Geteiltes Sorgerecht 21
— Inneres Gleichgewicht 20
— Kinderbetreuung 20
— Mutter-Kind-Beziehung 21
— Networking 23
— Selbstwertgefühl 20
— Soziale Kontakte 22
— Verlust des Lebensplans 21
— Verlust des Partners 21
Alternative Arbeitsmodelle 23
Anti-Stress-Tipps 46
Arbeitsschutz 72
Arbeitsteilung im Team 64
Arbeitsteilung zu Hause 116
Arbeitszeitformen und -modelle 24
Arbeitszeitgestaltung, flexible 9
Aupairmädchen/-junge 86f., 106
Ausbildung 6, 11

B

Babypause 5, 15, 30, 31
— Comeback 31
— Kontakt halten 32
— Neuorientierung nach der Babypause 16
— Wie lange pausieren? 16
Beschäftigungsverbot 13, 72
Betreuung durch Verwandte 103, 106
Betreuung in der Gruppe 91
Betreuung zu Hause 93
Betreuung, lückenlose 11
Betreuungsformen 76
Betreuungskosten 73
Betriebskindergarten 97, 106
Bilanz ziehen 119
Biologische Uhr 7
Biorhythmus 113
Bundeserziehungsgeld 69
Bundeserziehungsgeldgesetz 25
Burn-Out-Syndrom 48
Büro-Kommunikation 42

D

Delegieren im Job 63
Delegieren im Privaten 50, 117
DINK (Double Income No Kids) 7
DIOK (Double Income One Kid) 11

E

Effizienz 45
Einfallsreichtum 9
Eltern-Kind-Initiativen, 106
Elternzeit 13
Entbindungsgeld 68
Erfahrungsaustausch 18
Erziehungsgeld 66, 68, 69, 72
Erziehungsgeldstelle 26
Erziehungsurlaub 11, 13
— für Väter 15

F

Familiengründung 15
Familienhilfe 69
Familienplanung 7
Familien-Wandkalender 110
Fehlentwicklungen der Kinder 10
Fernunterricht 35
Fitness 35
Flexibilität 8
Fortbildung 34
Frühgeburt 67
Führungsqualitäten, weibliche 37
— Flexibilität 37
— Krisenbewältigung 37
— Ökonomisch arbeiten 37
— Pädagogische Kompetenzen 37
— Prioritäten setzen 37
— Selbstbewusstsein 41

Register

G
Geburtsurkunde des Kindes 71
Gehaltsverhandlung 54f.
 – Beurteilungsgespräch 55
 – Feedback 55
 – Fringe Benefits 56f.
 – Taktik 56
Gespräch, konstruktives 117
Grenzen erkennen 48
 – Belastbarkeit 48
 – Krafttanks auffüllen 49
 – Privatauszeit 49
Grundschulzeit 100
 – Private Mittagsbetreuung 100, 106

H
Hausarbeit – Tipps 51
Haushaltshilfe 66, 68
Haushaltspflichten 18, 51
 – Verteilung 18, 31

I
Identifikation mit dem Job 41

J
Jahres-Stundenkonto 29

K
Karriereknick 15
Karriereleiter 6
Karriere-Mutter 7, 8
Karriererisiko 9
Kinderbetreuung 76
 – Europäischer Vergleich 79
 – Intuition 82
 – Übersicht 106f.
Kinderfrau 92, 106
Kindergarten 96, 106
 – Kinderzufriedenheit 97
 – Kosten 96, 97
 – Private Initiativen 97
 – Spielmaterial 98
 – Über-Mittags-Betreuung 97
Kindergeld 65, 66, 69, 72
Kinderkrippe 89, 106
 – Auswahl 90
 – Hintergrund-Informationen 89
 – Verfügbarkeit 91
Kinderkrippe, private 91, 106
 – Rechte und Pflichten 92
Kindertermine 47
Kinderwunsch 7, 8
Kompetenzen 42
 – Entscheidungsstärke 42
 – Flexibilität 42
 – Improvisationstalent 42
 – Kreativität 42
Kompetenzen, soziale 79
Krankenversicherung 66
Krankheits-/Urlaubsvertretungen 33
 – Eigeninitiative 34
 – Kinderbetreuungskonzept erstellen und testen 33
 – Weiterbildung 33
Kündigung, eigene 13
Kündigungsschutz 26, 72
Kündigungsverbot, absolutes 13
Kur für Mutter und Kind 70

L
Landeserziehungsgeld 69
Lebenskonzepte abgleichen 8, 9
Lebensplanung 12

M
Mailing-Listen 37
Mental Set 53
Monats-Stundenkonto 29
Müttergenesungswerk 70
Müttermythos 10
Mutterschaftsgeld 13, 66, 72
 – Gehaltslücke 67
 – Privat Versicherte 67
Mutterschaftsgeld, einmaliges 68
Mutterschutz 12, 13
Mutterschutzfrist 67
 – Teilzeit erlaubt 68
Müttervorsorgekuren 70

N
Neid 59, 61
Neidfaktoren 59

– Arbeitszeitmodelle   60
– Mütter-Privilegien   60, 62
– Teilzeitverträge   60
Nein-Sagen   64
Networking   19
Notfallplan   113
Nothelfer   105

O

Online-Bestelldienste   36
Organisation   22
   – Hol- und Bringdienste   22
   – Netzwerk aufbauen   22

P

Partnerschaft   120
Perfektion   116
Prioritäten   41
Probezeit   12, 13
Pubertät   101

R

Rabenmutter   16, 17
Rollenverteilung   8

S

Schutzfrist   72
   – Ablauf der Schutzfrist   16
Selbstdarstellung   35
Selbstständigkeit   23, 79
   – Hilfe bei der Existenzgründung   24

Solidarität im Team   63
SOS-Telefon   21
Stärken   42
Studium   6

T

Tagesmütter   94ff., 106
   – Kosten   96
Teenager   102
   – Schulprobleme   103
   – Sorgen und Nöte   102
   – Umgang   102
Teilzeitarbeit   24, 64
   – Ablehnung aus betrieblichen Gründen   26
   – Anmeldefrist   26
Teilzeitgeschwister   10
Telearbeit   26ff., 28
   – Zeiteinteilung   27
Timing   107
Toleranz   121
Traumjob   5
Trennungsrate von Eltern-Paaren   19

U

Überstunden   45ff.
Umfeld, maßgeschneidertes   9

V

Versorgung, medizinische   66
Verträge   83
   – Musterverträge   84–85

– Verträge als Arbeitgeber   83
– Verträge mit Dienstleistern   83
Vertrauensarbeitszeit   29
   – Honorarkalkulationen   29
Vertretung, qualifizierte   14
Visionen   52
Vollzeitmütter   10
Vorbereitung, mentale   37
Vorratshaltung   36
Vorurteile   61

W

Wiedereinstieg   14
Wiedervorlage, private   107
Work-Life-Balancing   54

Z

Zeitarbeit   28
   – Probezeit   28
   – Zeitarbeitsfirmen   29
Zeitarbeit-Service   105, 106
Zeitfresser   49, 107, 113
Zeitmanagement   44, 107, 113
   – Training   44
Zusatzversicherung, stationäre   66
Zweisamkeit   8

GU-Kompasse Business

→ So schön kann Wissen sein

Ihr Recht im Job
- Was Ihr Chef wirklich darf
- Worauf Sie Anspruch haben

ISBN 3-7742-5400-1

Job-Knigge
- Wie Sie immer eine gute Figur machen
- Vom Meeting bis zur Party

ISBN 3-7742-0777-1

Partner mit Vertrag
- Ehe und Partnerschaft regeln
- Finanzen, Kinder & Co.

ISBN 3-7742-4996-2

Auslands-Knigge
- Weltweit richtig auftreten
- Überzeugen mit Stil

ISBN 3-7742-3607-0

Feilschen wie ein Profi
- Überzeugend argumentieren
- Kein Geld verschenken

ISBN 3-7742-3605-4

Altersvorsorge
- Versorgungslücken erkennen
- Die beste Strategie wählen

ISBN 3-7742-3612-7

Versicherungen
- Welche sinnvoll sind
- Worauf Sie achten müssen

ISBN 3-7742-3610-0

Arbeitszeugnisse
- Geheimcodes entschlüsseln
- Perfekt formulieren

ISBN 3-7742-3603-8

Zum Nachschlagen, Auffrischen und Schlaumachen – die Business-Kompasse bringen Wissenswertes auf den Punkt. Garantiert ohne Fachchinesisch.

Klein, preiswert, gut:
→ Mit Last-Minute-Programm für eilige Leser
→ Jede Doppelseite bietet ein neues Thema
→ 96 Seiten, kompakt und unverwüstlich, € 6,50 [D]

Änderungen und Irrtum vorbehalten

G|U

Gutgemacht. Gutgelaunt.

impressum

© 2002 Gräfe und Unzer Verlag GmbH, München.
Alle Rechte vorbehalten. Nachdruck, auch auszugsweise, sowie Verbreitung durch Bild, Funk, Fernsehen und Internet, durch fotomechanische Wiedergabe, Tonträger und Datenverarbeitungssysteme jeder Art nur mit schriftlicher Genehmigung des Verlages.

Redaktionsleitung:
Steffen Haselbach
Redaktion: Nina Pohlmann
Lektorat: Gabriele Heßmann
Umschlagfoto: Andreas Hosch

Umschlag und Gestaltung:
indepedent Medien-Design,
Petra Schmidt
Herstellung: Ute Hausleiter
Satz: Johannes Kojer, München
Repro: Ludwig, Zell am See
Druck: Appl, Wemding
Bindung: Sellier, Freising

ISBN: 3-7742-4995-4

Auflage	4.	3.	2.	1.
Jahr	2005	2004	2003	2002

Weitere Fotos: Bavaria. S. 54; Corbis: 11, 25, 42, 52, 76, 81, 104, 116; Fotex: 86, 94; Andreas Hosch: Inhalt (1); IFA: 6, 90, 101; Imagebank: 9, 99 und Inhalt (4), 108, 111; Manfred Jahreiß: 118; Mauritius: 4/5 und Inhalt (3), 14, 20, 23, 40, 70, 73, 88; Photonica: 32; Pictor: 30, 58, 60, 63, 65; Premium: 18; stone: 27; zefa: U4, 38/39, 74/75 u. Inhalt (2), 45, 47, 50, 115.

Wichtiger Hinweis

Die Beiträge in diesem Buch sind sorgfältig recherchiert und entsprechen dem aktuellen Stand. Abweichungen, beispielsweise durch seit Drucklegung geänderte Daten, sind nicht auszuschließen. Weder Autor noch Verlag können für eventuelle Nachteile oder Schäden, die aus im Buch gegebenen praktischen Hinweisen resultieren, eine Haftung übernehmen.

GRÄFE UND UNZER
Ein Unternehmen der
GANSKE VERLAGSGRUPPE

Das Original mit Garantie

Ihre Meinung ist uns wichtig. Deshalb möchten wir Ihre Kritik, gerne aber auch Ihr Lob erfahren, um als führender Ratgeberverlag für Sie noch besser zu werden. Darum: Schreiben Sie uns! Wir freuen uns auf Ihre Post und wünschen Ihnen viel Spaß mit Ihrem GU-Ratgeber.

Unsere Garantie: Sollte ein GU-Ratgeber einmal einen Fehler enthalten, schicken Sie uns bitte das Buch mit einem kleinen Hinweis und der Quittung innerhalb von sechs Monaten nach dem Kauf zurück. Wir tauschen Ihnen den GU-Ratgeber gegen einen anderen zum gleichen oder ähnlichen Thema um.

Ihr Gräfe und Unzer Verlag
Redaktion Business
Postfach 86 03 25
81630 München
Fax: 0 89/4 19 81-1 13
E-Mail: leserservice@graefe-und-unzer.de